聋儿早期康复教育系列丛书

咿呀学语课业手册（第2册）

（3-4岁·家庭用书）

梁 巍/主编

中国聋儿康复研究中心
听力国际国家（中国）中心

图书在版编目(CIP)数据

咿呀学语课业手册.第2册/梁巍主编.—北京:华夏出版社,2013.1
(聋儿早期康复教育丛书)
ISBN 978-7-5080-7163-3

Ⅰ.①咿… Ⅱ.①梁… Ⅲ.①听力障碍-儿童-听说教学-教学参考资料 Ⅳ.①G762.4

中国版本图书馆 CIP 数据核字(2012)第 215225 号

咿呀学语课业手册.第2册

主　　编	梁　巍
责任编辑	刘　娲
出版发行	华夏出版社
经　　销	新华书店
印　　刷	北京中科印刷有限公司
装　　订	三河市杨庄双欣装订厂
版　　次	2013年1月北京第1版 2013年1月北京第1次印刷
开　　本	787×1092　1/16 开
印　　张	10
字　　数	243 千字
定　　价	29.00 元

华夏出版社　网址:www.hxph.com.cn　地址:北京市东直门外香河园北里4号　邮编:100028
若发现本版图书有印装质量问题,请与我社营销中心联系调换。电话:(010)64663331(转)

聋儿早期康复教育系列丛书
编委会名单

专业顾问：杨伟炎　迟惠生　高成华　陈云英
　　　　　吕明臣　黄昭鸣
编委会主任：程　凯
编　　委：聂　滨　孙喜斌　陈振声　万选蓉　梁　巍
　　　　　刀维洁　黎　明　卢晓月　龙　墨　魏丽娜
组编单位：中国聋儿康复研究中心
　　　　　听力国际国家（中国）中心

咿呀学语课业手册（第2册）

（3～4岁·家庭用书）

主　编：梁　巍
编　者：（按姓氏笔画排序）
　　　　刘　舵　张　淼　陈　滨　杨海荣
　　　　晁　欣　鞠生霞

前　言

　　生儿育女是人生道路上的重要事情。呱呱落地的孩子为我们带来了创造生命的喜悦，也给我们带来了将幼小生命抚育成人的沉重而神圣的职责。就父母的本意而言，没有谁不珍爱自己的孩子，没有谁不希望自己的孩子生活得健康、愉快、成功。孩子的听力障碍，犹如晴空霹雳，成为了多少初为父母的聋儿家长的噩梦。作为聋儿家长，你可以哭泣，也可以抱怨，但这之后呢？泪水改变不了孩子耳聋这一残酷的现实，抱怨不能带给孩子愉快、成功的人生，也不能使他们成为自尊、自强、自立的人。"幸福的家庭都有同样的幸福，不幸的家庭各有各的不幸。"明天的阳光依然灿烂。抬起头来，看看周围的人，又有多少像你一样的父母，他们毅然拭干了悲怨的眼泪，重新鼓起了生活的勇气，带着自己的孩子向命运宣战。

　　不断成功的聋儿早期康复教育实践证明，家长是聋儿最早的教师，家庭是聋儿听力语言学习的最好课堂。那种只重视机构教育忽视家庭教育的做法，实际上割裂了家庭与机构教育的必然联系，只能取得事倍功半的效果。诚然，"舐犊之情"所蕴含的爱、"望子成龙"所凝聚的情未必能使每一个为人父母者在教育子女上真正获得成功。但是，通过系统、必要的专业知识和教育方法培训与学习的父母，就会使上述这种教育现状得以改观。他们所驾驭的家庭教育将与机构教育形成教育合力，完成对聋儿的启蒙、发展和完善的任务。

　　依据上述思想认识，我们编写了《咿呀学语课业手册》，该手册将与《咿呀学语教学指南》、《咿呀学语活动画册》等对应，成为开展聋儿早期康复教育、实施听力语言康复的平台。它不仅可以为日益深入的社区家庭康复提供具体、有效的教育材料和活动方案，而且可以成为家庭教育与机构教育相互沟通、相互补充的重要纽带和渠道，真正实现家园合一、教学同步的教育构想。让家长不再为"教什么？怎么教？"而发愁，教师不再为"留什么作业？怎么留？"而抱怨，省出更多的宝贵时间，观察、了解我们的孩子，思考我们的教学，增加彼此之间的沟通与理解。本套手册既可成为机构教学与家庭教育相衔接的家庭作业练习本，也可成为聋儿个体康复教育发展记录，还可作为各级聋儿康复机构开展家长培训的核心教材。

　　值此出版之际，我们衷心祝愿每一个聋儿家庭和每一位聋儿家长，早一天树立起直面现实的勇气，在老师的鼓励、支持和帮助下，不断实践，不断学习，不断探索。让我们一起努力、拼搏，携手打造聋儿的美好明天，使他们自尊、自强、自立，真正成为对社会有所作为的人。

编　者

2004 年 6 月

关 于 本 书

本手册与《咿呀学语教学指南（1-4册）》一一对应。家长可根据指导教师的统一教学计划按步实施。

1. 耳聋发现之后，家长立即参阅本手册附录的康复机构通信地址和联系方式，及早与所在省市康复机构取得联系。

2. 根据所联系的机构的统一安排，参与由当地专业机构组织的家长培训。了解系列教材的基本结构及相互关系，熟悉实施聋儿早期康复教育的基本原则和方法，掌握开展家庭康复教育的基本技能。

3. 主动配合所属康复教育机构的专业技术人员和指导教师，做好对聋儿在接受康复教育之前进行的必要的医学、听力学、教育学调查、检查和评价，确定学习起点。

4. 在指导教师帮助下，将上述各类检查结果、数据指标填写到本手册提供的记录孩子康复教育情况对应的档案中，以备循证查考。

5. 积极与指导教师联系，共同确立针对聋儿个体的教育活动计划和方案。明确阶段教育目标和家庭教育任务。

6. 按制定好的教育计划推行活动方案。本手册提供的家庭配合性单元教育活动与《咿呀学语教学指南（1-4册）》中对应的3级单元教育活动配套实施。有关不同发展领域的强化教育活动指导的内容，详见《咿呀学语教学指南（1-4册）》中"强化教育活动指导"部分。它将为家长提供具体的教育内容和方法提示。家长可根据指导教师的建议（详见不同领域的活动编号），找到不同领域下对应的强化活动内容。

7. 根据教学活动实施情况和孩子的具体行为表现，按照本手册提供的教学效果判断符号，对每次教学后效果（包括家庭配合性教育效果和强化指导活动效果）进行确认，为指导教师提供家庭康复教育效果信息反馈。

8. 在每一个具体的教学活动推行过程中，家长可依据教学活动的基本提示，针对聋儿的实际表现，采用灵活的策略和方式，确保每一教学目的完成。这一点至关重要。

目 录

第一章 听力语言障碍儿童康复教育发展记录表 (1)
第二章 三级配合性家庭教育活动 (21)

一、快乐的幼儿园 (23)
1. 我的魔术箱 (23)
2. 和爸爸妈妈一起做游戏 (24)
3. 一起吹泡泡 (25)
4. 复习歌曲：《乖孩子》 (27)
5. 介绍自己的幼儿园 (28)
6. 谁没来上幼儿园？ (30)
7. 复习儿歌：《我上幼儿园》 (31)
8. 复习儿歌：《幼儿园像我家》 (32)
9. 咿咿、呀呀在做啥？ (34)
10. 手指游戏：听指令起床、睡觉 (35)
11. 复习儿歌：《向小动物问声早》 (37)
12. 复习歌曲：《你是我的好朋友》 (38)

二、认识自己 (39)
13. 贴五官 (39)
14. 看谁拿得对 (40)
15. 制造声音 (41)
16. 谁的耳朵灵？ (42)

三、美味水果 (44)
17. 少了什么？ (44)
18. 它们长在哪里？ (45)
19. 制作水果沙拉 (46)
20. 水果的味道 (47)

四、好朋友 (48)
21. 绕口令：《小花裤》 (48)
22. 给小动物找朋友 (49)
23. 看图编故事 (51)
24. 给好朋友分玩具 (52)

五、秋天的情趣 (54)
25. 树叶像什么？ (54)
26. 什么东西会飘下来？ (55)
27. 给树叶找朋友 (56)

28. 树叶都能做成啥? ………………………………………………………… (57)
29. 给树叶化妆 …………………………………………………………………… (58)
30. 给树叶找个家 ………………………………………………………………… (59)
31. 拼拼看 ………………………………………………………………………… (61)
32. 叶子飘落在哪里了? ………………………………………………………… (62)

六、快乐的冬天 ……………………………………………………………………… (64)
33. 哪些是冬天的用品? ………………………………………………………… (64)
34. 冰的形状 ……………………………………………………………………… (65)
35. 下雪了 ………………………………………………………………………… (66)
36. 辨脚印认朋友 ………………………………………………………………… (67)
37. 奇妙的发现 …………………………………………………………………… (69)
38. 是谁不怕冷? ………………………………………………………………… (70)
39. 小狗买帽子 …………………………………………………………………… (71)
40. 你长大了吗? ………………………………………………………………… (73)

七、亲亲热热的一家 ……………………………………………………………… (74)
41. 幸福的小鸡一家 ……………………………………………………………… (74)
42. 猜猜妈妈喜欢啥? …………………………………………………………… (76)
43. 我喜欢爸爸的×× × ………………………………………………………… (78)
44. 给妈妈画像 …………………………………………………………………… (80)
45. 说说最喜欢的家庭物品 ……………………………………………………… (82)
46. 他们吵架了,宝宝怎么办? ………………………………………………… (83)
47. 谁对?谁不对? ……………………………………………………………… (84)
48. 小小家园设计师 ……………………………………………………………… (86)
49. 什么变绿了? ………………………………………………………………… (87)
50. 听辨:桃花姐姐在哪里? …………………………………………………… (89)
51. 花园的花朵真美丽 …………………………………………………………… (90)
52. 复习儿歌:《迎春花》 ……………………………………………………… (91)
53. 手指谣 ………………………………………………………………………… (93)
54. 手演故事:骄傲的孔雀 ……………………………………………………… (94)
55. 请谁来帮忙? ………………………………………………………………… (96)
56. 儿歌仿编:《小小手》 ……………………………………………………… (97)
57. 孤独的呀呀 …………………………………………………………………… (99)
58. 说说小熊的朋友在哪里? …………………………………………………… (100)
59. 说说好朋友会怎样? ………………………………………………………… (102)
60. 给妈妈打个电话 ……………………………………………………………… (103)
61. 跟妈妈说个悄悄话 …………………………………………………………… (105)
62. 和妈妈编一个请求原谅的故事 ……………………………………………… (106)
63. 猜一猜:妞妞的礼物 ………………………………………………………… (107)
64. 电话购物 ……………………………………………………………………… (109)

65. 夏天可以做什么？ …………………………………………………… (110)
66. 比一比：看谁粘的知了多？ ………………………………………… (112)
67. 看图说话：什么东西热乎乎？ ……………………………………… (113)
68. 仿编故事：《礼物不见了》 …………………………………………… (115)
69. 五颜六色的东西 ……………………………………………………… (116)
70. 下雨天可以做什么？ ………………………………………………… (118)
71. 仿编儿歌：《太阳刷》 ………………………………………………… (120)
72. 自制夹心冰块 ………………………………………………………… (122)
73. 说说心里话 …………………………………………………………… (123)
74. 听理解：猜猜冰箱里都有啥？ ……………………………………… (125)
75. 听理解：下了场什么雨？ …………………………………………… (126)
76. 猜猜他们在做啥？ …………………………………………………… (127)
77. 看图讲述：小猪洗澡 ………………………………………………… (129)
78. 看图识天气 …………………………………………………………… (130)
79. 情景判断：谁会感冒？ ……………………………………………… (132)
80. 情景判断：谁把小水滴气哭了？ …………………………………… (133)

第三章　参考资料 ……………………………………………………… (135)

聋儿早期家庭康复教育策略提示 ……………………………………… (137)
全国各省、自治区、直辖市聋儿康复中心通讯地址 ………………… (146)
形象木偶自制方法介绍 ………………………………………………… (148)

第一章 听力语言障碍儿童康复教育发展记录表

儿童姓名：_____

指导机构：_____

编　　号：（年度）_____（年收训数中的排列号）

儿童基本情况

档案编号：_____ 收训日期：_____

姓名： 性别： 民族： 出生日期： 年 月 日

出生地： 省 市 县（区） 乡（街） 村

耳聋诊断： 病因说明： 确诊时间： 年 月 日

听力补偿及重建方式： 配戴助听器□ 人工耳蜗植入□ 其它□

邮政编码： 现住址：_____

照片

家庭情况

父亲姓名： 民族： 出生日期： 文化程度： 职业：

工作单位： 电话： 身体状况：正常□ 耳聋□ 其它□

母亲姓名： 民族： 出生日期： 文化程度： 职业：

工作单位： 电话： 身体状况：正常□ 耳聋□ 其它□

其他抚养人姓名： 与儿童的关系：

个体发育状况

检查项目 评价记录 时间	身高		体重		牙齿		视力			头围		胸围		过敏史情况
	单位(cm)	评价	单位(kg)	评价	龋齿（颗）	评价	左	右	评价	单位(cm)	评价	单位(cm)	评价	

听力测试

测试项目	脑干诱发电位	多频稳态电位	耳声发射	纯音测听	视觉强化测听
左耳（dB）					
右耳（dB）					
声导抗鼓室压图			A 型 □	B 型 □	C 型 □

助听器验配报告（1）

验配日期：_____年___月___日
听力计型号：____　声强标准：SPL□ HL□
测试音：纯音□　啭音□　窄带噪音□　滤波复合音□

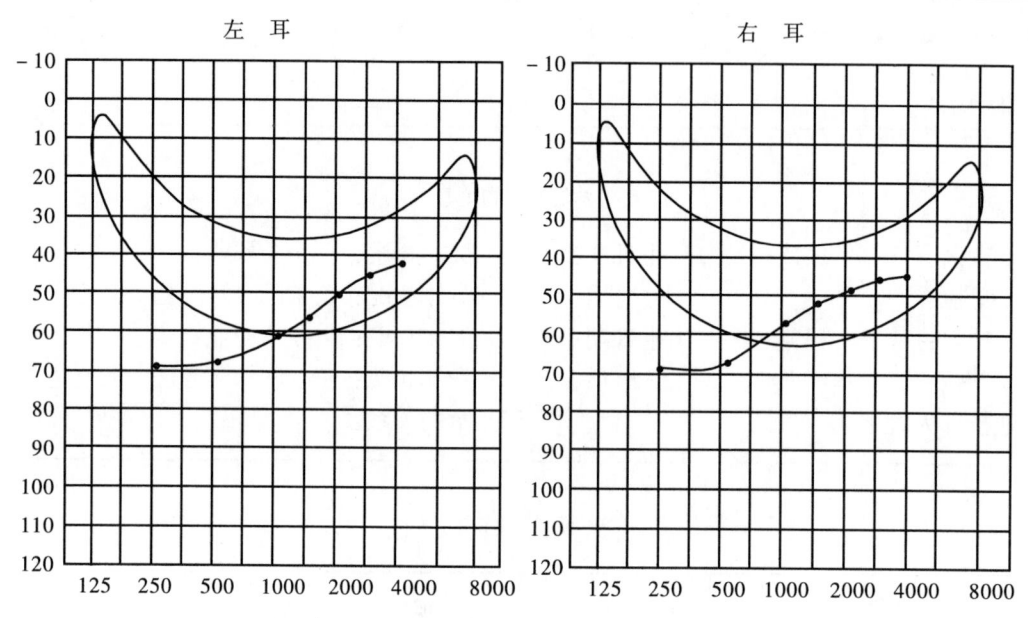

助听器处方

项目		左耳					右耳				
助听器种类											
厂牌/型号											
系列号											
耳模/声孔											
设置参数	音调										
	音量										
放大类型											
保留增益											
声输出控制											
助听效果											
康复建议											

测听/助听人员签字：_____

助听器验配报告（2）

验配日期：_____年___月___日
听力计型号：____ 声强标准：SPL□ HL□
测试音：纯音□ 啭音□ 窄带噪音□ 滤波复合音□

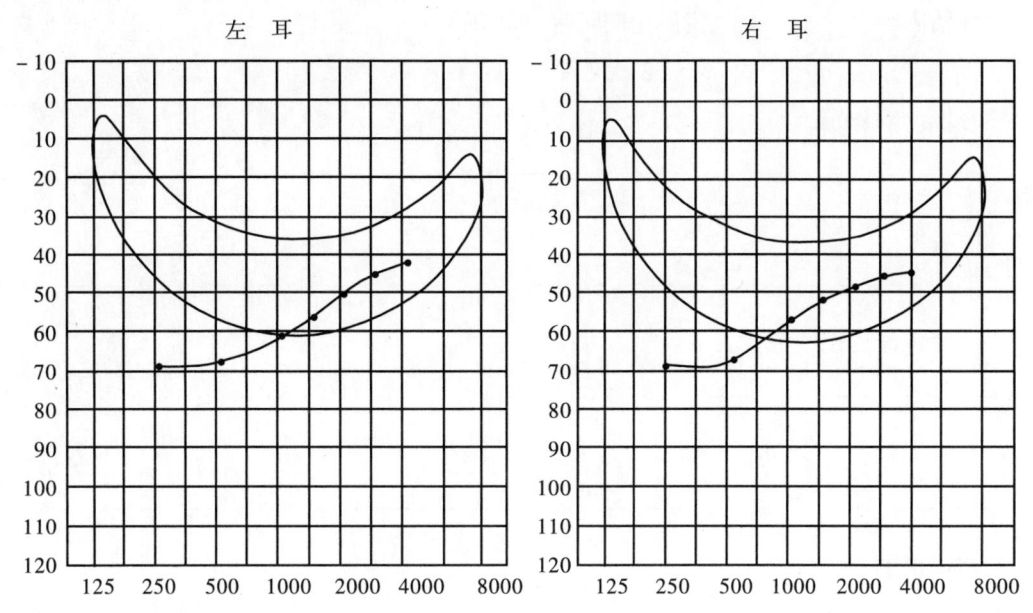

助听器处方

项目		左耳	右耳
助听器种类			
厂牌/型号			
系列号			
耳模/声孔			
设置参数	音调		
	音量		
放大类型			
保留增益			
声输出控制			
助听效果			
康复建议			

测听/助听人员签字：_____

听觉能力评估（1）

评估日期：_____
评估教师：_____
测试环境：_____   训练时间：_____

评估内容		错误走向记录（正确）——（错误）	最大识别率
自然环境声响识别			
语音识别	韵母识别		
	声母识别		
数字识别			
声调识别			
单音节词识别			
双音节词识别			
三音节词识别			
短句识别			
选择性听取			
听觉康复级别		平均成绩	
康复建议			

听觉能力评估（2）

评估日期：_____ 　　　　　　　　　　收训日期：_____
评估教师：_____
测试环境：_____ 　　　　　　　　　　训练时间：_____

评估内容		错误走向记录（正确）——（错误）	最大识别率
自然环境声响识别			
语音识别	韵母识别		
	声母识别		
数字识别			
声调识别			
单音节词识别			
双音节词识别			
三音节词识别			
短句识别			
选择性听取			
听觉康复级别		平均成绩	
康复建议			

语言能力评估（1）

评估日期：_____　　　　　　　　收训日期：_____
评估教师：_____
测试环境：_____　　　　　　　　训练时间：_____

评估内容	测试记录	测试结果	语言年龄
语音清晰度（%）			
词汇量			
语法能力（模仿句长）			
理解能力（听话识图）			
表达能力（看图说话）			
交往能力（主题对话）			
语言康复级别		平均综合语言年龄能力	
康复建议			

语言能力评估（2）

评估日期：_____ 　　　　　　　　收训日期：_____
评估教师：_____
测试环境：_____ 　　　　　　　　训练时间：_____

评估内容	测试记录	测试结果	语言年龄
语音清晰度（%）			
词汇量			
语法能力（模仿句长）			
理解能力（听话识图）			
表达能力（看图说话）			
交往能力（主题对话）			
语言康复级别		平均综合语言年龄能力	
康复建议			

学习能力评估（1）

评估日期：_____   收训日期：_____
评估教师：_____
测试环境：_____   训练时间：_____

测试内容	穿珠	记颜色	辨认图	联想	折纸	短记忆力	摆方木	完成图
原始得分								
单项智龄								
18-0	.	.	.	.	.	.	.	.
17-6	.	.	.	.	.	.	.	.
17-0	.	.	.	.	.	.	.	.
16-6	.	.	.	.	.	.	.	.
16-0	.	.	.	.	.	.	.	.
15-6	.	.	.	.	.	.	.	.
15-0	.	.	.	.	.	.	.	.
14-6	.	.	.	.	.	.	.	.
14-0	.	.	.	.	.	.	.	.
13-6	.	.	.	.	.	.	.	.
13-0	.	.	.	.	.	.	.	.
12-6	.	.	.	.	.	.	.	.
12-0	.	.	.	.	.	.	.	.
11-6	.	.	.	.	.	.	.	.
11-0	.	.	.	.	.	.	.	.
10-6	.	.	.	.	.	.	.	.
10-0	.	.	.	.	.	.	.	.
9-6	.	.	.	.	.	.	.	.
9-0	.	.	.	.	.	.	.	.
8-6	.	.	.	.	.	.	.	.
8-0	.	.	.	.	.	.	.	.
7-6	.	.	.	.	.	.	.	.
7-0	.	.	.	.	.	.	.	.
6-6	.	.	.	.	.	.	.	.
6-0	.	.	.	.	.	.	.	.
5-6	.	.	.	.	.	.	.	.
5-0	.	.	.	.	.	.	.	.
4-6	.	.	.	.	.	.	.	.
4-0	.	.	.	.	.	.	.	.
3-6	.	.	.	.	.	.	.	.
3-0	.	.	.	.	.	.	.	.
2-6	.							

实际年龄：_____   智商/学习能力商
中位智龄：_____   _____
临床诊断：_____   百分位数：____%

优势项	劣势项

综合分析

康复建议

学习能力评估（2）

评估日期：_____ 　　　　　　　　收训日期：_____
评估教师：_____
测试环境：_____ 　　　　　　　　训练时间：_____

测试内容	穿珠	记颜色	辨认图	联想	折纸	短记忆力	摆方木	完成图
原始得分								
单项智龄								
18-0	.	.	.	.	.	.	.	.
17-6	.	.	.	.	.	.	.	.
17-0	.	.	.	.	.	.	.	.
16-6	.	.	.	.	.	.	.	.
16-0	.	.	.	.	.	.	.	.
15-6	.	.	.	.	.	.	.	.
15-0	.	.	.	.	.	.	.	.
14-6	.	.	.	.	.	.	.	.
14-0	.	.	.	.	.	.	.	.
13-6	.	.	.	.	.	.	.	.
13-0	.	.	.	.	.	.	.	.
12-6	.	.	.	.	.	.	.	.
12-0	.	.	.	.	.	.	.	.
11-6	.	.	.	.	.	.	.	.
11-0	.	.	.	.	.	.	.	.
10-6	.	.	.	.	.	.	.	.
10-0	.	.	.	.	.	.	.	.
9-6	.	.	.	.	.	.	.	.
9-0	.	.	.	.	.	.	.	.
8-6	.	.	.	.	.	.	.	.
8-0	.	.	.	.	.	.	.	.
7-6	.	.	.	.	.	.	.	.
7-0	.	.	.	.	.	.	.	.
6-6	.	.	.	.	.	.	.	.
6-0	.	.	.	.	.	.	.	.
5-6	.	.	.	.	.	.	.	.
5-0	.	.	.	.	.	.	.	.
4-6	.	.	.	.	.	.	.	.
4-0	.	.	.	.	.	.	.	.
3-6	.	.	.	.	.	.	.	.
3-0	.	.	.	.	.	.	.	.
2-6	.	.	.	.	.	.	.	.

实际年龄：_____　　智商/学习能力商 _____
中位智龄：_____
临床诊断：_____　　百分位数：____%

优势项	劣势项

综合分析

康复建议

学习起点评价记录

评估者姓名：

起点年龄	起点行为编号	必要感知刺激领域			
		最初评价	完成目标 年、月、日	生理年龄	备 注
六周以内	1	○□ ¤□ △□			
六周或稍大	2	○□ ¤□ △□			
六周以内	3	○□ ¤□ △□			
六周或稍大	4	○□ ¤□ △□			
六周以内	5	○□ ¤□ △□			
六周或稍大	6	○□ ¤□ △□			
	7	○□ ¤□ △□			
	8	○□ ¤□ △□			
	9	○□ ¤□ △□			
	10	○□ ¤□ △□			
	11	○□ ¤□ △□			
	12	○□ ¤□ △□			
	13	○□ ¤□ △□			
	14	○□ ¤□ △□			
	15	○□ ¤□ △□			
	16	○□ ¤□ △□			
	17	○□ ¤□ △□			
	18	○□ ¤□ △□			
	19	○□ ¤□ △□			
	20	○□ ¤□ △□			
	21	○□ ¤□ △□			
	22	○□ ¤□ △□			
	23	○□ ¤□ △□			
	24	○□ ¤□ △□			
	25	○□ ¤□ △□			
	26	○□ ¤□ △□			
	27	○□ ¤□ △□			
	28	○□ ¤□ △□			
	29	○□ ¤□ △□			
	30	○□ ¤□ △□			
	31	○□ ¤□ △□			
	32	○□ ¤□ △□			
	33	○□ ¤□ △□			
	34	○□ ¤□ △□			
	35	○□ ¤□ △□			
	36	○□ ¤□ △□			
	37	○□ ¤□ △□			
	38	○□ ¤□ △□			
	39	○□ ¤□ △□			
	40	○□ ¤□ △□			
	41	○□ ¤□ △□			
	42	○□ ¤□ △□			
	43	○□ ¤□ △□			
	44	○□ ¤□ △□			
	45	○□ ¤□ △□			

（续表）

起点年龄	起点行为编号	最初评价	完成目标年、月、日	生理年龄	备 注
必要感知刺激领域					
0-1	1	○□ ¤□ △□			
	2	○□ ¤□ △□			
	3	○□ ¤□ △□			
	4	○□ ¤□ △□			
	5	○□ ¤□ △□			
	6	○□ ¤□ △□			
	7	○□ ¤□ △□			
	8	○□ ¤□ △□			
	9	○□ ¤□ △□			
	10	○□ ¤□ △□			
	11	○□ ¤□ △□			
	12	○□ ¤□ △□			
	13	○□ ¤□ △□			
	14	○□ ¤□ △□			
1-2	15	○□ ¤□ △□			
	16	○□ ¤□ △□			
	17	○□ ¤□ △□			
	18	○□ ¤□ △□			
	19	○□ ¤□ △□			
	20	○□ ¤□ △□			
	21	○□ ¤□ △□			
	22	○□ ¤□ △□			
	23	○□ ¤□ △□			
	24	○□ ¤□ △□			
2-3	25	○□ ¤□ △□			
	26	○□ ¤□ △□			
	27	○□ ¤□ △□			
	28	○□ ¤□ △□			
	29	○□ ¤□ △□			
	30	○□ ¤□ △□			
	31	○□ ¤□ △□			
	32	○□ ¤□ △□			
	33	○□ ¤□ △□			
	34	○□ ¤□ △□			
	35	○□ ¤□ △□			
	36	○□ ¤□ △□			
	37	○□ ¤□ △□			
	38	○□ ¤□ △□			
	39	○□ ¤□ △□			
	40	○□ ¤□ △□			
	41	○□ ¤□ △□			
3-4	42	○□ ¤□ △□			
	43	○□ ¤□ △□			
	44	○□ ¤□ △□			
	45	○□ ¤□ △□			
	46	○□ ¤□ △□			
	47	○□ ¤□ △□			

（续表）

必要感知刺激领域					
起点年龄	起点行为编号	最初评价	完成目标 年、月、日	生理年龄	备 注
3－4	48	○□ ¤□ △□			
	49	○□ ¤□ △□			
	50	○□ ¤□ △□			
	51	○□ ¤□ △□			
	52	○□ ¤□ △□			
	53	○□ ¤□ △□			
	54	○□ ¤□ △□			
	55	○□ ¤□ △□			
	56	○□ ¤□ △□			
	57	○□ ¤□ △□			
	58	○□ ¤□ △□			
	59	○□ ¤□ △□			
	60	○□ ¤□ △□			
	61	○□ ¤□ △□			
	62	○□ ¤□ △□			
	63	○□ ¤□ △□			
	64	○□ ¤□ △□			
	65	○□ ¤□ △□			
	66	○□ ¤□ △□			
4－5	67	○□ ¤□ △□			
	68	○□ ¤□ △□			
	69	○□ ¤□ △□			
	70	○□ ¤□ △□			
	71	○□ ¤□ △□			
	72	○□ ¤□ △□			
	73	○□ ¤□ △□			
	74	○□ ¤□ △□			
	75	○□ ¤□ △□			
	76	○□ ¤□ △□			
	77	○□ ¤□ △□			
	78	○□ ¤□ △□			
	79	○□ ¤□ △□			
	80	○□ ¤□ △□			
	81	○□ ¤□ △□			
	82	○□ ¤□ △□			
	83	○□ ¤□ △□			
	84	○□ ¤□ △□			
	85	○□ ¤□ △□			
	86	○□ ¤□ △□			
	87	○□ ¤□ △□			
5－6	88	○□ ¤□ △□			
	89	○□ ¤□ △□			
	90	○□ ¤□ △□			
	91	○□ ¤□ △□			
	92	○□ ¤□ △□			
	93	○□ ¤□ △□			
	94	○□ ¤□ △□			

（续表）

起点年龄	起点行为编号	最初评价	完成目标年、月、日	生理年龄	备 注
必要感知刺激领域					
5-6	95	○□ ¤□ △□			
	96	○□ ¤□ △□			
	97	○□ ¤□ △□			
	98	○□ ¤□ △□			
	99	○□ ¤□ △□			
	100	○□ ¤□ △□			
	101	○□ ¤□ △□			
	102	○□ ¤□ △□			
	103	○□ ¤□ △□			
	104	○□ ¤□ △□			
	105	○□ ¤□ △□			
	106	○□ ¤□ △□			
语言发展领域					
0-1	1	○□ ¤□ △□			
	2	○□ ¤□ △□			
	3	○□ ¤□ △□			
	4	○□ ¤□ △□			
	5	○□ ¤□ △□			
	6	○□ ¤□ △□			
	7	○□ ¤□ △□			
	8	○□ ¤□ △□			
	9	○□ ¤□ △□			
	10	○□ ¤□ △□			
1-2	11	○□ ¤□ △□			
	12	○□ ¤□ △□			
	13	○□ ¤□ △□			
	14	○□ ¤□ △□			
	15	○□ ¤□ △□			
	16	○□ ¤□ △□			
	17	○□ ¤□ △□			
	18	○□ ¤□ △□			
	19	○□ ¤□ △□			
	20	○□ ¤□ △□			
	21	○□ ¤□ △□			
	22	○□ ¤□ △□			
	23	○□ ¤□ △□			
	24	○□ ¤□ △□			
	25	○□ ¤□ △□			
	26	○□ ¤□ △□			
	27	○□ ¤□ △□			
	28	○□ ¤□ △□			
	29	○□ ¤□ △□			
	30	○□ ¤□ △□			
2-3	31	○□ ¤□ △□			
	32	○□ ¤□ △□			
	33	○□ ¤□ △□			
	34	○□ ¤□ △□			

(续表)

语言发展领域					
起点年龄	起点行为编号	最初评价	完成目标 年、月、日	生理年龄	备　注
2-3	35	○□ ¤□ △□			
	36	○□ ¤□ △□			
	37	○□ ¤□ △□			
	38	○□ ¤□ △□			
	39	○□ ¤□ △□			
	40	○□ ¤□ △□			
	41	○□ ¤□ △□			
	42	○□ ¤□ △□			
	43	○□ ¤□ △□			
	44	○□ ¤□ △□			
	45	○□ ¤□ △□			
	46	○□ ¤□ △□			
	47	○□ ¤□ △□			
	48	○□ ¤□ △□			
	49	○□ ¤□ △□			
	50	○□ ¤□ △□			
3-4	51	○□ ¤□ △□			
	52	○□ ¤□ △□			
	53	○□ ¤□ △□			
	54	○□ ¤□ △□			
	55	○□ ¤□ △□			
	56	○□ ¤□ △□			
	57	○□ ¤□ △□			
	58	○□ ¤□ △□			
	59	○□ ¤□ △□			
	60	○□ ¤□ △□			
	61	○□ ¤□ △□			
	62	○□ ¤□ △□			
	63	○□ ¤□ △□			
4-5	64	○□ ¤□ △□			
	65	○□ ¤□ △□			
	66	○□ ¤□ △□			
	67	○□ ¤□ △□			
	68	○□ ¤□ △□			
	69	○□ ¤□ △□			
	70	○□ ¤□ △□			
	71	○□ ¤□ △□			
	72	○□ ¤□ △□			
	73	○□ ¤□ △□			

(续表)

语言发展领域					
起点年龄	起点行为编号	最初评价	完成目标 年、月、日	生理年龄	备　注
5-6	74	○□ ¤□ △□			
	75	○□ ¤□ △□			
	76	○□ ¤□ △□			
	77	○□ ¤□ △□			
	78	○□ ¤□ △□			
	79	○□ ¤□ △□			
	80	○□ ¤□ △□			
	81	○□ ¤□ △□			
	82	○□ ¤□ △□			
	83	○□ ¤□ △□			
	84	○□ ¤□ △□			
	85	○□ ¤□ △□			
社会行为领域					
0-1	1	○□ ¤□ △□			
	2	○□ ¤□ △□			
	3	○□ ¤□ △□			
	4	○□ ¤□ △□			
	5	○□ ¤□ △□			
	6	○□ ¤□ △□			
	7	○□ ¤□ △□			
	8	○□ ¤□ △□			
	9	○□ ¤□ △□			
	10	○□ ¤□ △□			
	11	○□ ¤□ △□			
	12	○□ ¤□ △□			
	13	○□ ¤□ △□			
	14	○□ ¤□ △□			
	15	○□ ¤□ △□			
	16	○□ ¤□ △□			
	17	○□ ¤□ △□			
	18	○□ ¤□ △□			
	19	○□ ¤□ △□			
	20	○□ ¤□ △□			
	21	○□ ¤□ △□			
	22	○□ ¤□ △□			
	23	○□ ¤□ △□			
	24	○□ ¤□ △□			
	25	○□ ¤□ △□			
	26	○□ ¤□ △□			
	27	○□ ¤□ △□			
	28	○□ ¤□ △□			

(续表)

社会行为领域					
起点年龄	起点行为编号	最初评价	完成目标 年、月、日	生理年龄	备注
1-2	29	○□ ¤□ △□			
	30	○□ ¤□ △□			
	31	○□ ¤□ △□			
	32	○□ ¤□ △□			
	33	○□ ¤□ △□			
	34	○□ ¤□ △□			
	35	○□ ¤□ △□			
	36	○□ ¤□ △□			
	37	○□ ¤□ △□			
	38	○□ ¤□ △□			
	39	○□ ¤□ △□			
	40	○□ ¤□ △□			
	41	○□ ¤□ △□			
	42	○□ ¤□ △□			
	43	○□ ¤□ △□			
2-3	44	○□ ¤□ △□			
	45	○□ ¤□ △□			
	46	○□ ¤□ △□			
	47	○□ ¤□ △□			
	48	○□ ¤□ △□			
	49	○□ ¤□ △□			
	50	○□ ¤□ △□			
	51	○□ ¤□ △□			
3-4	52	○□ ¤□ △□			
	53	○□ ¤□ △□			
	54	○□ ¤□ △□			
	55	○□ ¤□ △□			
	56	○□ ¤□ △□			
	57	○□ ¤□ △□			
	58	○□ ¤□ △□			
	59	○□ ¤□ △□			
	60	○□ ¤□ △□			
	61	○□ ¤□ △□			
	62	○□ ¤□ △□			
	63	○□ ¤□ △□			
4-5	64	○□ ¤□ △□			
	65	○□ ¤□ △□			
	66	○□ ¤□ △□			
	67	○□ ¤□ △□			
	68	○□ ¤□ △□			
	69	○□ ¤□ △□			
	70	○□ ¤□ △□			
	71	○□ ¤□ △□			
	72	○□ ¤□ △□			
5-6	73	○□ ¤□ △□			
	74	○□ ¤□ △□			
	75	○□ ¤□ △□			

(续表)

社会行为领域					
起点年龄	起点行为编号	最初评价	完成目标 年、月、日	生理年龄	备 注
5-6	76	○□ ¤□ △□			
	77	○□ ¤□ △□			
	78	○□ ¤□ △□			
	79	○□ ¤□ △□			
	80	○□ ¤□ △□			
	81	○□ ¤□ △□			
	82	○□ ¤□ △□			
	83	○□ ¤□ △□			

发展领域学习起点动态示意曲线

学习起点	必要感知刺激领域行为编号	认知发展领域行为编号	语言发展领域行为编号	社会行为领域行为编号	学习起点曲线填写时间标注
5-6					
4-5					
3-4					
2-3					
1-2					
0-1					

（请老师或家长将每次评价每一领域最后通过的编号顺次填写到对应领域及对应的学习起点年龄的空格内，再顺次以直线连接不同领域在每次评价时最后通过的行为编号，构成该聋儿阶段性学习起点曲线，并在最右侧的表格内注明每条曲线绘制的时间。）

第二章　三级配合性家庭教育活动

主题名称：快乐的幼儿园

周次：第1周　活动编号：1　活动名称：我的魔术箱　　　　实施日期：

活动目的：1. 愿意和妈妈一起制作魔术箱，喜爱玩魔术表演的游戏；2. 理解动词"变"并会说和用；3. 基本会操作变魔术的道具和按程序表演。

活动准备：1. 能放下一些玩具的纸箱，一块大小合适的纸板，玩具若干；2. 能替代高帽的装饰物（或用纸筒制作）、斗篷（可用窗帘或毛巾被替代）、魔术棒（可用小木棒缠上彩色纸条）。

活动过程：1. 妈妈和孩子一起制作魔术箱。

——妈妈拿出一个纸箱问孩子"这是什么"，停顿一会儿等待孩子回答。如果孩子不会，再告诉他"这是纸箱"。

——妈妈说："宝宝，我们用纸箱做一个魔术箱好不好？我们也玩魔术表演的游戏。"妈妈和孩子一同制作魔术箱，让孩子参与制作过程，边做边和孩子说制作的程序和动作，如"宝宝看，这是纸箱，我们把纸板粘在纸箱的中间，宝宝帮妈妈拿纸板，好吗？"

2. 妈妈和孩子一起玩魔术表演的游戏。

——妈妈拿着做好的魔术箱对孩子说："宝宝你看，这是魔术箱，我们玩魔术表演的游戏，好吗？"

——妈妈先当魔术师，给孩子示范（戴上高筒帽，披上斗篷，手拿魔术棒，边做动作边说"这是×××"）。

——妈妈继续示范，先请孩子在魔术箱里用手摸一摸，并表示没有东西，然后妈妈手持魔术棒说"变、变、变"，这时妈妈翻开魔术箱的隔板拿出玩具说："我变出了小鸭（小汽车、球……）。"

——孩子在妈妈的帮助下练习表演魔术，并会说"变、变、变"。
——孩子独立表演魔术，妈妈观看并给予鼓励。

注意事项：1. 妈妈在示范表演时要表现得很神秘，而且动作准确清楚，易于孩子模仿，语言要准确，每次都使用相同的句式"变、变、变"。2. 当孩子表演时，妈妈要表现出极大的兴趣，鼓励孩子表演并说出："我变出了×××。"

教学反馈：○　△　□

强化活动指导：

活动领域	感知刺激	社会行为	认知发展	语言发展
活动编号				
效果反馈				

（请家长使用下列符号对孩子进行上述活动的结果反馈：○＝不能完成　△＝成人帮助下完成　□＝能够独立完成）

周次：第1周　活动编号：2　活动名称：和爸爸妈妈一起做游戏　实施日期：

活动目的：1. 能听懂成人的语意，"请你……"；2. 能按成人的指令完成动作，继续学说"我就……"；3. 学习发出指令并学说"请你……"。

活动准备：1. 画有小动物动作的卡片若干（小猫叫、小狗叫、小兔跳、小鸟飞、小鱼游）；2. "动物模仿操"的录音带。

活动过程：1. 妈妈发出指令，孩子和爸爸一起按指令做。
——妈妈说："宝宝来，我们和爸爸一起做游戏，妈妈说指令，宝宝和爸爸认真听，然后一起做。"

——妈妈说:"请你摸摸鼻子(拍拍头、踢踢腿、转一圈、跳一跳……)。"
——爸爸和孩子一起说"我就摸摸鼻子(拍拍头、踢踢腿、转一圈、跳一跳……)",边说边按指令做。
2. 家长和孩子分别按照卡片的内容发出指令和执行指令。
——妈妈、爸爸先做示范,孩子看。妈妈、爸爸每人拿一部分卡片,妈妈拿出一张卡片,按卡片内容说:"请你学小猫叫(小狗叫)",然后爸爸按指令说:"我就学小猫叫,喵喵喵(小狗叫,汪汪汪;小鸟飞,飞飞飞)"。爸爸、妈妈互换角色,爸爸发指令,妈妈做。
——妈妈和孩子一组,爸爸一组,每组拿一部分卡片开始游戏。(方法同上)
——孩子和爸爸一组,妈妈一组,互换卡片重复游戏。
3. 出示"小动物模仿操"录音带,全家共听磁带做小动物模仿操。
——妈妈说:"宝宝听,有小动物的音乐,我们一起学小动物做操。"

注意事项:1. 当家长和孩子一起游戏时,开始以家长带动孩子为主,然后逐渐过渡到以孩子为主。
2. 当家长发出指令后,请给孩子留一点思考的时间,不要急于替孩子做,当孩子真的不会时,家长再给予帮助。3. 遇到孩子不会的内容,在活动结束后可单独强化练习。

教学反馈:○   △   □
强化活动指导:

活动领域	感知刺激	社会行为	认知发展	语言发展
活动编号				
效果反馈				

(请家长使用下列符号对孩子进行上述活动的结果反馈:○ = 不能完成 △ = 成人帮助下完成 □ = 能够独立完成)

周次:第 2 周   活动编号:3   活动名称:一起吹泡泡   实施日期:

活动目的：1. 能听懂妈妈的语言，在妈妈的帮助下完成两项要求的任务；2. 喜欢和妈妈玩吹泡泡的游戏，练习均匀地吹气；3. 继续练习分辨红、黄、蓝、黑等颜色。

活动准备：1. 肥皂泡液及吹泡泡的玩具；2. 纸；3. 红、黄、蓝、黑色的彩笔；4. 学习词汇：泡泡、红色、黄色、蓝色、黑色。

活动过程：1. 与妈妈共同玩吹泡泡的游戏。

——妈妈吹出许多泡泡，问："宝宝看，这是什么？"要求孩子回答"泡泡"。

——妈妈说："宝宝，妈妈教你吹泡泡好不好？"然后妈妈示范吹泡泡的要领，并告诉孩子吹气时要均匀。

——妈妈指导孩子吹泡泡，孩子吹泡泡时，妈妈要强调说"吹"这个动词。

2. 孩子与妈妈一起画"泡泡"。

——妈妈拿出红、黄、蓝、黑不同颜色的彩笔，对孩子说："宝宝看，妈妈的笔都是什么颜色的？"（学说红色、黄色、蓝色、黑色）

——妈妈说："宝宝，我们用笔来画泡泡吧。妈妈说要求，宝宝画，好吗？"这时可请爸爸来帮忙做示范，妈妈先说要求，让爸爸执行，孩子看着。妈妈先说："爸爸画一个泡泡。"爸爸画完，妈妈引导孩子一起拍手说好。妈妈再请爸爸画一个蓝色的大泡泡，这时爸爸要夸张地重复妈妈的话"蓝色的大泡泡"，边说边画。爸爸画完，妈妈对孩子说："对了，爸爸画了一个蓝色的大泡泡。"

——请孩子像爸爸那样按照妈妈说的要求画泡泡。

妈妈说："宝宝画一个小泡泡（红泡泡、黄泡泡、黑泡泡、红色的大泡泡、黄色的小泡泡、蓝色飞得高高的泡泡、黑色飞得低低的泡泡）。"

3. 孩子可以和妈妈互换角色，孩子说要求，妈妈画。

注意事项：1. 妈妈在出示教具时要非常神秘，表现出极大的兴趣来吸引孩子。如妈妈出示彩色笔时，可以把笔放在身后，一支一支地出示给孩子。2. 妈妈或爸爸在同孩子游戏时尽量和孩子保持在同一水平线上，可以蹲下来和孩子玩。

教学反馈：〇　△　□

强化活动指导：

活动领域	感知刺激	社会行为	认知发展	语言发展
活动编号				
效果反馈				

（请家长使用下列符号对孩子进行上述活动的结果反馈：〇 = 不能完成　△ = 成人帮助下完成　□ = 能够独立完成）

周次：第 2 周　活动编号：4　活动名称：复习歌曲：《乖孩子》　实施日期：

活动目的：1. 喜爱和妈妈玩音乐游戏，培养独立性；2. 学习在原有歌词的基础上，创编第二段、第三段歌词；3. 能随着音乐律动做动作并说歌词。

活动准备：蝴蝶飞、小羊跑、小鱼游、小兔跳、小鸟飞、小猫跑的图片。

活动过程：1. 妈妈和孩子复习在幼儿园学的歌曲。

——妈妈说："宝宝今天在幼儿园学了一首什么歌呀？妈妈真想和宝宝一起唱。"

——妈妈启发孩子说出歌名《乖孩子》。

——妈妈拿出小鸟飞、小猫跑的图片和孩子一起唱，唱完妈妈要鼓励孩子说："宝宝唱得真好听。"

2. 妈妈启发孩子创编第二段歌词。

——妈妈拿着小鸟飞的图片问孩子："小鸟自己飞，宝宝知道谁还会自己飞吗？"这时妈妈再拿出蝴蝶的图片启发孩子自己说出"蝴蝶自己飞"。

——妈妈这时拿出小羊跑的图片以同样的方法启发孩子说出"小羊自己跑"。

——妈妈和孩子共同唱一遍自己创编的歌词。"蝴蝶自己飞，小羊自己跑，我们都是好孩子，不要妈妈抱，不要妈妈抱"。

3. 妈妈启发孩子创编第三段歌词。

——方法同第二段歌词的创编（小鱼自己游，小兔自己跳，我……）。

4. 妈妈和孩子共同表演自己创编的歌词内容（按音乐律动做动作）。

——妈妈引导孩子学动作跟唱，1～3 段连接起来表演。

注意事项：1. 孩子不会唱没关系，能跟着妈妈说歌词即可。2. 妈妈在和孩子按音乐律动做动作时节奏要准确，动作要到位。3. 及时给孩子鼓励，增强孩子的自信心。4. 鼓励孩子创编出不同的歌词。

附歌曲： 乖 孩 子 　　　　　王晨湖词　汪 玲曲

1=D 2/4

‖: 3 3 3 1 | 3 — | 5 5　3 5 | 2 — | 1 1 3 3 | 2 3 1 |
　小鸟自己　飞，　小猫　自己　跑，　我们都是　好孩子，
　蝴蝶自己　飞，　小羊　自己　跑，　我们都是　好孩子，
　小鱼自己　游，　小兔　自己　跳，　我们都是　好孩子，

2 1 2 3 | 5 — | 2 1　2 3 | 1 — :‖
不要妈妈　抱，　不要　妈妈　抱。
不要妈妈　抱，　不要　妈妈　抱。
不要妈妈　抱，　不要　妈妈　抱。

教学反馈：○　△　□
强化活动指导：

活动领域	感知刺激	社会行为	认知发展	语言发展
活动编号				
效果反馈				

（请家长使用下列符号对孩子进行上述活动的结果反馈：○＝不能完成　△＝成人帮助下完成　□＝能够独立完成）

周次：第3周　活动编号：5　活动名称：介绍自己的幼儿园　　　实施日期：

活动目的：1. 能在家长的提示下说出2~3处幼儿园的场所；2. 喜爱幼儿园以及老师和小朋友。
活动准备：1. 孩子在幼儿园各场所的照片或反映幼儿园场所的图片；2. 与幼儿园场所名称对应的文字卡片；3. 方向盘的玩具或替代物。
活动过程：1. 妈妈启发孩子说出2~3处自己幼儿园的场所。
——妈妈出示幼儿园大门的照片，问："宝宝看，照片上是什么地方呀？"妈妈启发孩子说出"幼儿园"。
——妈妈再拿出孩子在教室的照片问："宝宝，你看这是什么地方？"
——妈妈仍然启发孩子说出"教室"一词，并指着照片上的老师和小朋友告诉孩子说："教室里，老师在给小朋友上课、做游戏。宝宝喜欢幼儿园吗？"
——妈妈依次拿出其他照片（如楼道里的、操场上的等等），启发孩子说出它们的名称，并指认照片上的物品，讲解照片的内容。
2. 妈妈同孩子共同玩开车上幼儿园的游戏。
——妈妈对孩子讲："宝宝，你的幼儿园真好，我们玩上幼儿园的游戏，好吗？"
——妈妈和孩子共同把幼儿园不同场所的照片放在家里各处，并在照片旁边摆放相应的字卡。
——孩子当司机开车，手持方向盘，边开车边念儿歌（妈妈可和孩子一起念）："小汽车，嘀嘀嘀，跑到东、跑到西，我们高高兴兴上幼儿园。"
——车开到照片处，妈妈提示孩子说："××地方到啦，妈妈下车啦。"
3. 游戏可反复玩几次，妈妈和孩子可轮流当司机。
注意事项：游戏在刚开始玩时，孩子可能念不好儿歌，或对幼儿园内的场所名称说不准确或说不完整，没关系，游戏不必停下来，家长只要继续说给孩子听即可。
教学反馈：○　△　□
强化活动指导：

活动领域	感知刺激	社会行为	认知发展	语言发展
活动编号				
效果反馈				

（请家长使用下列符号对孩子进行上述活动的结果反馈：○＝不能完成　△＝成人帮助下完成　□＝能够独立完成）

周次：第 3 周　活动编号：6　活动名称：谁没来上幼儿园？　　实施日期：

活动目的：1. 能听懂故事；2. 能说出故事中角色的名称；3. 能回答有关故事情节的提问。
活动准备：《谁没来上幼儿园》故事图片。
活动过程：1. 妈妈出示图片，完整地给孩子讲一遍"谁没来上幼儿园"的故事。
　　　　2. 妈妈指着第一幅图问孩子：
　　　　　——"森林幼儿园里的老师是谁呀？"
　　　　　——"幼儿园里都有哪些小朋友呀？"
　　　　3. 妈妈指着第二幅图问孩子：
　　　　　——"早晨谁来幼儿园了？"（小羊、小兔、小猴）
　　　　　——"小羊看见老师说什么？"（老师早上好！）
　　　　妈妈再问孩子：
　　　　　——"大象老师说：'小羊、小兔、小猴都来了，谁没来幼儿园呢？'宝宝想一想，谁没来幼
　　　　　　儿园？"
　　　　4. 妈妈可提示孩子将两幅图进行对比，看看第二幅图少了谁。
　　　　5. 妈妈和孩子共同讲一遍故事。
注意事项：当妈妈提问完后，给孩子留一些思考的时间。如果孩子没有明白，就再提问一次，不要急于
　　　　替孩子说出答案。

附故事: <center>谁 没 来 幼 儿 园</center>

  在森林里有一所漂亮的动物幼儿园,幼儿园里面有大象老师和四位动物小朋友,它们是:小羊、小兔、小猴和小狗。
  一天早晨,小羊的妈妈带着小羊来上幼儿园,小羊看见大象老师说:"老师早上好!"小兔的妈妈带着小兔来上幼儿园,小兔看见大象老师说:"老师早上好!"小猴的妈妈带着小猴来上幼儿园,小猴看见大象老师说:"老师早上好!"大象老师看了看,说:"小羊、小兔、小猴都来了,谁没有来幼儿园呢?"

教学反馈:○ △ □
强化活动指导:

活动领域	感知刺激	社会行为	认知发展	语言发展
活动编号				
效果反馈				

  (请家长使用下列符号对孩子进行上述活动的结果反馈:○=不能完成 △=成人帮助下完成 □=能够独立完成)

周次:第4周 活动编号:7 活动名称:复习儿歌:《我上幼儿园》 实施日期:

活动目的:1. 喜欢和家长一起说儿歌,体验说儿歌的乐趣;2. 继续学习歌词,并感受用2/4拍的节奏说歌词。
活动准备:四块长方形积木或孩子能拿住并能拍击出声响的玩具。
活动过程:1. 妈妈出示图片并逐句提问。

——"宝宝看，爸爸、妈妈去干什么呀？"引导孩子回答："爸爸妈妈去上班。"
——"宝宝去干什么呀？"引导孩子回答："我上幼儿园。"
——"宝宝哭了吗？宝宝闹了吗？"引导孩子回答："也不哭，也不闹。"
——"宝宝看到老师叫什么？"引导孩子回答："老师早！"
2. 妈妈用2/4拍的节奏拍着手完整地把歌词朗诵一遍。
3. 妈妈拍着手说一句，孩子也拍着手跟说一句。
4. 妈妈和孩子拍着积木共同说儿歌。

注意事项：妈妈在说儿歌时要有表情，身体也要随着节拍左右摆动。

附节拍图：

```
2/4
×   × | ×   × | ×   × | × — | ×   × | ×    |
爸爸 妈妈 去上  班, 我上  幼儿 园 ,   也不  哭, 也不   闹
×   × | × — ‖
叫声 老师 早 。
```

教学反馈：○   △   □
强化活动指导：

活动领域	感知刺激	社会行为	认知发展	语言发展
活动编号				
效果反馈				

（请家长使用下列符号对孩子进行上述活动的结果反馈：○＝不能完成　△＝成人帮助下完成　□＝能够独立完成）

周次：第4周　活动编号：8　活动名称：复习儿歌:《幼儿园像我家》　实施日期：

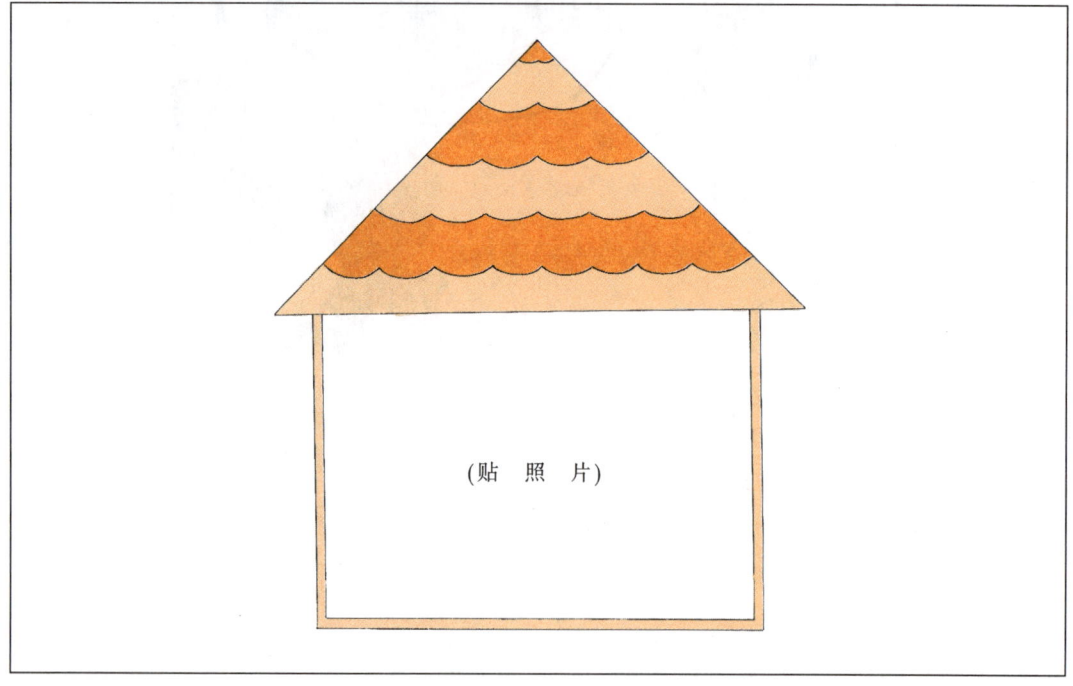

(贴照片)

活动目的：1. 熟悉班上的老师和小朋友，感受老师和小朋友的情感；2. 继续练习有节奏地说儿歌。
活动准备：老师与全班小朋友的合影。
活动过程：1. 妈妈出示照片，和孩子一起指认照片上的老师和小朋友。
　　　　——妈妈说："宝宝来指一指哪一个是老师？"然后妈妈再逐一指照片上的小朋友，让孩子说出他们的名字，如果孩子不会说，妈妈再告诉他。
　　　　——妈妈指着老师的照片问孩子："老师好不好？老师像什么？"妈妈引导孩子说出："老师像妈妈。"
　　　　2. 妈妈给孩子有节奏地完整表演一遍儿歌。"宝宝听妈妈说一首儿歌，好吗？""儿歌的名字叫《幼儿园像我家》"。妈妈开始表演儿歌。
　　　　3. 妈妈说一句儿歌，请孩子跟学一句儿歌。
　　　　4. 妈妈和孩子一起拍着手说儿歌，要强调节奏。
　　　　5. 孩子表演儿歌，请全家人都来欣赏。
注意事项：全家人可以和孩子共同表演儿歌，表演完儿歌后一起鼓掌，表演游戏可多重复几次。

附儿歌节奏：

　　　　× ×｜× ×｜× ×｜× ×｜× ×｜
　　　　幼儿 园，像我 家，老师 爱我，我爱 她。老师 叫我
　　　　× ×｜× × ×｜× ×‖
　　　　好 娃娃，我说 老师 像妈 妈。

教学反馈：○　△　□
强化活动指导：

活动领域	感知刺激	社会行为	认知发展	语言发展
活动编号				
效果反馈				

（请家长使用下列符号对孩子进行上述活动的结果反馈：○＝不能完成　△＝成人帮助下完成　□＝能够独立完成）

周次：第5周　活动编号：9　活动名称：咿咿、呀呀在做啥？　　实施日期：

活动目的：1. 会区分咿咿、呀呀的形象并能叫出他们的名字；2. 能听懂家长的提问并做简单回答；3. 继续学习 yi 和 ya 的正确发音；4. 喜欢和家长念儿歌，感受儿歌的韵律与节奏。

活动准备：《咿咿、呀呀在做啥》图片。

活动过程：1. 妈妈出示第一幅图片，指着图上的咿咿和呀呀问：

——"宝宝看，这位小朋友是谁？他叫什么名字？"启发孩子说出咿咿和呀呀的名字。

——"咿咿和呀呀在做啥？"启发孩子回答，"咿咿和呀呀亲爸爸、亲妈妈"。

——"宝宝也来亲爸爸、亲妈妈"。妈妈和爸爸也抱住孩子亲一亲。

2. 妈妈出示第二幅图提问孩子

——"宝宝看这幅图，咿咿和呀呀在跟爸爸、妈妈说啥呢？""对，咿咿和呀呀在跟爸爸、妈妈说再见。咿咿和呀呀他们去哪儿呀？"启发孩子回答："咿咿和呀呀去上幼儿园。"

3. 妈妈分别出示第三、四、五幅图，提问孩子：

——"咿咿和呀呀在幼儿园干啥呢？"妈妈指着第三幅图请孩子看，并引导孩子回答："咿咿和呀呀在搭积木。"

——第四、五幅图也用同样的方法提问孩子，并引导孩子回答："咿咿和呀呀在玩皮球"，"咿咿和呀呀在听老师讲故事"。

4. 妈妈出示第六幅图，对孩子说："宝宝你看，咿咿和呀呀在和老师学啥呢？"这时妈妈模仿咿咿和呀呀的动作，并发出"咿咿和呀呀"的声音，启发孩子说出："咿咿和呀呀在学说话。"

5. 妈妈鼓励孩子，夸奖他"真棒"，然后不按顺序分别说出六幅图的内容，让孩子来指一指。

6. 邀请爸爸来参加游戏，孩子和妈妈说图片的内容让爸爸来指。

——全家共同念儿歌：幼儿园也是我们的家。

注意事项：1. 全家在念儿歌时可加上动作表演；2. 平时家长接孩子回家后要问一问孩子在幼儿园都干什么了，吃什么了，让孩子能逐渐地听懂并回答问题。

附儿歌：　　　　　　　　幼儿园也是我们的家　　　　　芮彭年 文　梁 巍 改

咿咿呀呀，咿咿呀呀，亲亲爸爸，亲亲妈妈，高高兴兴离开家。

做做游戏，听听故事，咿呀，咿呀，学学说话，幼儿园也是我们的家。

教学反馈：〇　　△　　□

强化活动指导：

活动领域	感知刺激	社会行为	认知发展	语言发展
活动编号				
效果反馈				

（请家长使用下列符号对孩子进行上述活动的结果反馈：〇＝不能完成　△＝成人帮助下完成　□＝能够独立完成）

周次：第5周　活动编号：10　活动名称：手指游戏：听指令起床、睡觉　实施日期：

活动目的：1. 喜爱和妈妈玩手指游戏并感受手指游戏的乐趣；2. 能按指令控制手指的动作；3. 知道起床后如何向家人问早；4. 复习认识过的颜色。

活动准备：蓝、黑、红、黄、绿五种颜色的油性笔。

活动过程：1. 妈妈请孩子帮忙拿笔，用不同的颜色分别在左手五个手指上画上手偶。

——"宝宝帮妈妈拿一枝黑色的笔"，然后妈妈在大拇指上画爸爸，并告诉孩子"这是爸爸"。

——再请孩子拿蓝色的笔，妈妈在食指上画妈妈，并告诉孩子"这是妈妈"。

——妈妈依次请孩子拿红色、黄色和绿色的笔，分别在中指、无名指、小指上画上咿咿、呀呀和唧唧，并向孩子介绍他们。

2. 妈妈给孩子用手偶表演故事。

——妈妈的五个手指握在一起，这时开始表演，妈妈伸出食指说："妈妈起床了，妈妈去给宝宝做早饭。"这时妈妈指着书上的图同时做做饭的动作给孩子看。

——妈妈再伸出中指说："咿咿也起床了，咿咿看到妈妈说'妈妈早上好'。"（手指变曲做问好状）

——妈妈依次再表演呀呀和唧唧起床向妈妈问早上好。

——妈妈有四个手指都已伸直了，只有拇指还握着，妈妈问宝宝"还有谁没起床呢？"孩子回答："爸爸还没起床"。这时妈妈指一指图二问："宝宝看咿咿和呀呀在干什么呢？""咿咿和呀呀在叫爸爸起床"。这时妈妈再伸出拇指说："爸爸起床了，爸爸说'宝宝早上好'。"

——妈妈再指着图三说："宝宝看，天黑了，星星出来了，咿咿睡觉了（中指弯曲），呀呀睡觉了（无名指弯曲），唧唧、妈妈、爸爸睡觉了。"（方法同前两个手指）

3. 孩子的手指也画上手偶，然后妈妈发出指令，孩子按妈妈的指令来控制手指的动作。

——妈妈发指令："早晨，妈妈最早起床。"孩子伸出食指并做妈妈做饭的动作。

——妈妈用同样方法依次发出指令，咿咿、呀呀、唧唧、爸爸起床了，妈妈引导孩子和妈妈一起说："早上好！"（如：咿咿起床了，咿咿对妈妈说："妈妈早上好！"）

——妈妈指着图三说："天黑了，星星出来了，咿咿（呀呀、唧唧、妈妈、爸爸）睡觉了。"孩子按妈妈的指令，依次把手指握起来，表示他们睡觉了。

4. 表扬孩子做得好，也可请爸爸来共同游戏。

注意事项：平时爸爸、妈妈要给孩子做表率，看到熟人主动打招呼。

教学反馈：○　△　□

强化活动指导：

活动领域	感知刺激	社会行为	认知发展	语言发展
活动编号				
效果反馈				

（请家长使用下列符号对孩子进行上述活动的结果反馈：○ = 不能完成　△ = 成人帮助下完成　□ = 能够独立完成）

周次：第6周　活动编号：11　活动名称：复习儿歌：《向小动物问声早》　实施日期：

活动目的：1. 学说"××，你早"，"××，你好"；2. 喜欢和妈妈爸爸做表演游戏，会模仿小动物的叫声。

活动准备：小猫、小狗、公鸡、小羊、小鸭的头饰

活动过程：1. 妈妈、爸爸先表演向小动物问早的游戏，请孩子观看。

——妈妈依次戴上小猫（小狗、公鸡、小羊、小鸭）的头饰，爸爸扮演咿咿。

——妈妈扮演小猫，这时爸爸从房间的另一端走来，妈妈看到爸爸，就喵喵地叫，并说："喵喵，咿咿，早上好。"爸爸说："小猫，你早，早上好。"

——爸爸在房间里走一圈，这时妈妈又戴上小狗的头饰，看到咿咿说："汪汪，咿咿，你早，早上好。"爸爸扮演的咿咿说："小狗，你早，早上好。"

——其他小动物也用相同方法表演。

2. 请孩子扮演咿咿，妈妈、爸爸分别扮演小猫、小狗、公鸡、小鸭和小羊；妈妈、爸爸引导孩子一起表演。咿咿看到小动物要说："××，你早，早上好。"

注意事项：1. 在游戏时，爸爸、妈妈要用可爱的动作来表现小动物；2. 当孩子说不好对话时，妈妈、爸爸带着孩子一起说。

教学反馈：○　△　□

强化活动指导：

活动领域	感知刺激	社会行为	认知发展	语言发展
活动编号				
效果反馈				

（请家长使用下列符号对孩子进行上述活动的结果反馈：○＝不能完成　△＝成人帮助下完成　□＝能够独立完成）

周次：第6周　活动编号：12　活动名称：复习歌曲:《你是我的好朋友》　实施日期：

活动目的：1. 学习有节奏地念歌词和拍手；2. 学会玩《找朋友》的音乐游戏；3. 体验玩音乐游戏的快乐情绪。

活动准备：找一个比较宽敞的地方。

活动过程：1. 妈妈先和孩子玩拍手的游戏，每小节拍两下手，一边拍手，妈妈一边喊1、2，1、2的节拍，当孩子能合上妈妈的节拍时，妈妈可由喊节拍过渡到唱找朋友的歌；
2. 妈妈2小节、2小节地边拍手边有节奏地说歌词，孩子一句一句地跟学，反复几次；
3. 妈妈分步骤把游戏的动作教给孩子，妈妈和孩子面对面地站着。
——前4小节按节奏拍手（嘴里并唱着歌词）；
——第5小节妈妈、孩子互相敬礼；
——第6小节，互相握手；
——第7、8小节用右手食指一下对方，指一下自己，反复1次；
——第9小节做再见的动作；
——歌曲结束，妈妈、孩子手拉手互换位置，游戏可重新开始。
4. 妈妈和爸爸把游戏完整地玩一遍，孩子观看，可一同拍手。
5. 孩子和妈妈（爸爸）玩游戏，爸爸（妈妈）在一旁拍手并唱歌。

附歌曲：　　　　　　　　　找　朋　友

1 = D 4/4

1 1 1⌒2 | 3 5 5 - | 5 6 5 3 | 2 3 2 - | 3 1 1 - |
找 找 找　找 朋 友， 找 到 一 个 好 朋 友， 敬 个 礼，

5 3 2 - | 1 2 3 5 | 2 3 1 - | × × ‖
握 握 手， 你 是 我 的 好 朋 友， 再 见。

注意事项：孩子在游戏时，不会唱没关系，只要能按节奏说歌也可。

教学反馈：○　　△　　□

强化活动指导：

活动领域	感知刺激	社会行为	认知发展	语言发展
活动编号				
效果反馈				

（请家长使用下列符号对孩子进行上述活动的结果反馈：○ = 不能完成　△ = 成人帮助下完成　□ = 能够独立完成）

主题名称：认识自己

周次：第 7 周　活动编号：13　活动名称：贴五官　　　　　实施日期：

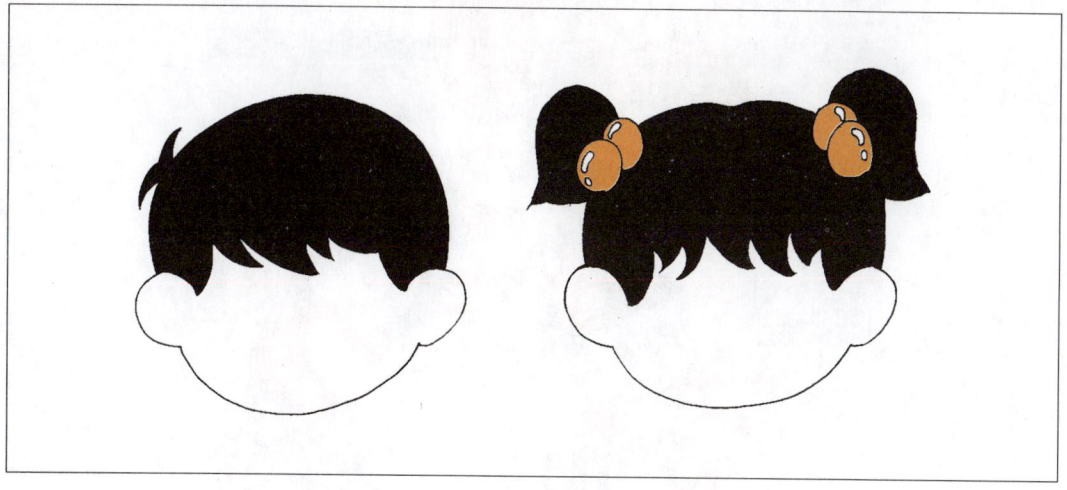

活动目的：1. 继续了解五官的位置和功用；2. 在认识五官的基础上猜谜；3. 在游戏中体验感官的功用。

活动准备：1. 两个布娃娃头像，一男一女（没有五官）；2. 两套五官贴片、双面胶粘于背后；3. 五六枝同样的花，其中一枝洒上香水、两小盘切好的两种水果。

活动过程：1. 妈妈和孩子玩贴五官的游戏。

——妈妈先出示男娃娃的头像说："宝宝看，这个小哥哥没有五官，我们帮他贴上好吗？妈妈说一个宝宝贴一个，宝宝听好。长在脸的中间，只有一个，宝宝想一想是什么？然后给小哥哥贴在脸上。"

"长在脸的上方，有两只……"用同样的方法来描述其余的五官，并请宝宝贴好。

——妈妈再出示女娃娃的头像，同样请孩子贴五官，这次妈妈来描述五官的功用，请孩子来猜。"能听见声音的，可以带助听器的是什么？""能看东西的是什么？""能闻见味道、会呼吸的是什么呢？""会吃东西、会说话、唱歌的是什么？"

2. 妈妈和孩子玩"找一找"的游戏。

——妈妈藏起一个孩子喜爱的玩具，让孩子找一找，看一看。

——爸爸在门外模仿各种小动物的叫声，请孩子听一听是谁来了。

——妈妈蒙住孩子的双眼，给孩子吃两盘水果中的任意一块，吃完后（拿走眼睛上的布），请孩子猜一猜吃的是哪一盘中的水果。

——妈妈仍然蒙住孩子的双眼，然后拿一枝洒了香水的花让孩子闻一闻（然后再拿走眼睛上的布），让孩子在一束花中找出那一枝。

3. 妈妈给孩子讲一讲爱护五官的常识。

注意事项：在日常生活中也要一贯地要求孩子爱护五官。

教学反馈：○　　△　　□

强化活动指导：

活动领域	感知刺激	社会行为	认知发展	语言发展
活动编号				
效果反馈				

（请家长使用下列符号对孩子进行上述活动的结果反馈：○ = 不能完成　△ = 成人帮助下完成　□ = 能够独立完成）

周次：第 7 周　　活动编号：14　　活动名称：看谁拿得对　　　　　实施日期：

活动目的：1. 继续运用多种感官来辨别颜色、形状、质感、气味的不同；2. 能说出 2～3 种水果及玩具的 2 个以上的特点。

活动准备：1. 孩子常吃的 3 种水果，如：苹果、香蕉、桔子；2. 孩子常玩的 3 种玩具，如：球、积木、毛绒玩具或布娃娃；3. 两个布口袋及小贴画；4. 小熊、小狗、小猫的头饰（其他动物的也可）。

活动过程：1. 妈妈扮演小熊、孩子扮演小狗。小熊背着一个奇妙的口袋敲小狗家的门"咚咚咚，我是小熊，小狗快开门"。小狗打开门，请小熊进来，说："请进，小熊你好。"小熊请小狗猜一猜她带来了什么礼物，小熊拿着口袋只准小狗闻一闻，再把手伸进去摸一摸，不许看并说出物品的名称和特点，然后拿出来看看。如果说对了，小熊就奖励小狗一枚贴画并贴于小狗的衣服上。

2. 爸爸扮演小狗、孩子扮演小猫，小狗也背着奇妙的口袋（里面装有玩具）来敲小猫家的门，小狗用同样的方法来请小猫猜一猜他带来了什么礼物。

3. 小熊、小狗、小猫一起来品尝小熊带来的水果，一起玩小狗带来的玩具。

注意事项：孩子如果说不出物品 2 个以上的特点没关系，家长可以补充完整，说给孩子听。平时要引导孩子用各种感官来感知物品，如摸、闻、拍、听等。

教学反馈：○　　△　　□

强化活动指导：

活动领域	感知刺激	社会行为	认知发展	语言发展
活动编号				
效果反馈				

（请家长使用下列符号对孩子进行上述活动的结果反馈：○＝不能完成　△＝成人帮助下完成　□＝能够独立完成）

周次：第 8 周　　活动编号：15　　活动名称：制造声音　　　　实施日期：

活动目的：1. 继续体验自己身体发出的声音；2. 能有节奏地拍打身体各部位，并叫出各部位的名称；3. 能跟随家长一起念"拍拍"歌。

活动准备：无

活动过程：1. 妈妈、爸爸给孩子表演一个节目——"拍拍"歌。

妈妈、爸爸面对面地站好，一边念"拍拍"歌一边双手做相应的动作。

× ×｜× ×｜× ×｜× ×｜× - ‖
拍拍　手，　拍拍　肩，　拍拍　小脸，　跺跺　脚。

2. 妈妈、爸爸邀请孩子一起做游戏，孩子跟着妈妈爸爸念"拍拍"歌。
3. 妈妈、爸爸启发孩子说出还可以拍身体的什么部位，并拍一拍、听一听身体都能发出什么声音。如：拍头、拍臂、拍肚子、拍屁股、拍后背、拍腿……
4. 按节奏玩游戏，边念词边做动作。

× ×｜× ×｜× ×｜× ×｜× - ‖

第一段：拍拍　手，　拍拍　肩，　拍拍　小脸，　跺跺　脚。
第二段：拍拍　头，　拍拍　臂，　拍拍　肚子，　跺跺　脚。
第三段：拍拍　背，　拍拍　腿，　拍拍　屁股，　跺跺　脚。

注意事项：1. 游戏玩熟了可以加快拍的速度，以提高游戏的趣味性。2. 在玩游戏时衣服要少穿，最好露出四肢，这样拍击的声音比较大。3. 平时还要引导孩子留意身体发出的其他声音，如咳嗽声、打喷嚏声、肚子饿了咕咕叫声及放屁声等等，凡是生活中的声音都让孩子感知。

教学反馈：○　　△　　□

强化活动指导：

活动领域	感知刺激	社会行为	认知发展	语言发展
活动编号				
效果反馈				

（请家长使用下列符号对孩子进行上述活动的结果反馈：○＝不能完成　△＝成人帮助下完成　□＝能够独立完成）

周次：第8周　活动编号：16　活动名称：谁的耳朵灵？　　　实施日期：

活动目的：1. 继续练习听辨音源的方向，提高听音能力；2. 喜欢扮演成小动物的角色，玩听辨音源的游戏并能遵守游戏规则。

活动准备：小猫、老鼠、小蝌蚪、青蛙的头饰。

活动过程：1. 玩猫捉老鼠的游戏，爸爸当小老鼠，藏起来并发出"吱吱"的叫声，孩子当小猫，寻着声音去捉老鼠。
——妈妈出示老鼠的头饰,让孩子说出它们名称,并模仿老鼠的叫声。
——妈妈讲解游戏内容,"咱们家来了一只大老鼠,偷吃粮食,宝宝当小猫捉老鼠,好不好?"
——爸爸藏在另一个房间,妈妈带着小猫在捉老鼠,可是找不到老鼠,这时老鼠在另一个房间"吱吱"地叫,妈妈说:"小猫快听,是谁在叫,你听一听老鼠藏在哪里了?"小猫寻着声音捉老鼠。捉到老鼠后,妈妈和小猫都拍手叫好,并说:"捉住了,捉住了!"

2. 玩"小蝌蚪找妈妈"的游戏,妈妈当青蛙,孩子当蝌蚪。小蝌蚪游着游着找不到妈妈了,小蝌蚪一边游一边喊"妈妈,妈妈"。这时青蛙妈妈在藏好的地方叫:"呱呱呱。"小蝌蚪寻着妈妈叫的方向找到妈妈,妈妈抱着小蝌蚪亲一亲说:"你真能干,是妈妈的好宝宝!"

注意事项:1. 每个游戏都可反复玩几次;2. 换不同的小动物角色来游戏。
教学反馈:○　　△　　□
强化活动指导:

活动领域	感知刺激	社会行为	认知发展	语言发展
活动编号				
效果反馈				

（请家长使用下列符号对孩子进行上述活动的结果反馈:○=不能完成　△=成人帮助下完成　□=能够独立完成）

主题名称：美味水果

周次：第9周　　活动编号：17　　活动名称：少了什么？　　　　实施日期：

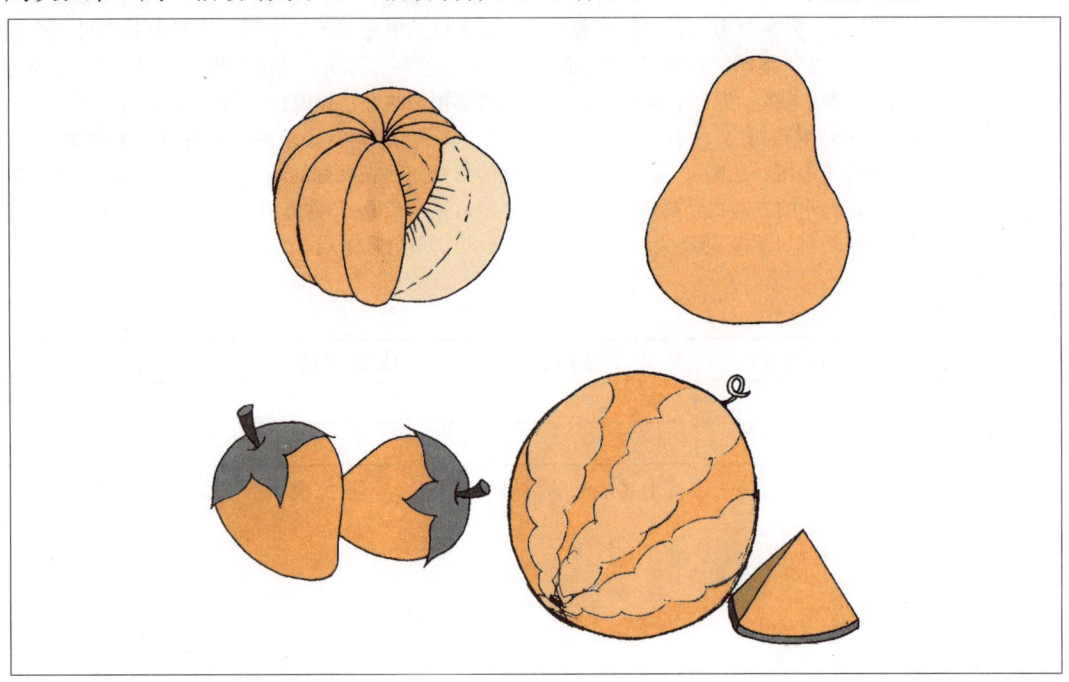

活动目的：1. 继续了解几种常见水果的特征，能正确叫出它们的名称；2. 通过观察能够找出图片上的水果各少了哪部分。

活动准备：梨、草莓、桔子、西瓜等新鲜水果、布口袋、画有各种水果的头饰。

活动过程：1. 妈妈戴上画有水果的头饰扮演水果仙女，背着奇妙的口袋来到孩子家，对孩子说："我是水果仙女，给你带礼物来了。宝宝你来摸一摸都有什么礼物。"妈妈只把口袋打开一个小口，让孩子把手伸进去摸一摸，摸出来一种水果就启发孩子说出水果的名称和外形特征。

　　如：梨——黄色的，皮上有小黑点，梨的尾巴上有把儿。
　　　　草莓——红色的，三角形的，草莓上长有许多小黑籽。
　　　　桔子——桔黄色的，圆圆的，剥开皮里面是一瓣瓣的。
　　　　西瓜——绿色的皮，皮上有绿条纹，切开里面是红色的瓤，瓤里有西瓜籽。

　　2. 妈妈出示书上的图，让孩子找一找图上的水果都少了什么。
　　——妈妈说："有一位叔叔画了一幅画，可是画里的水果都不对，宝宝帮助叔叔把错的地方找出来，好吗？"妈妈出示书上的图。

　　3. 妈妈、孩子一起品尝水果，并说一说各种水果的味道。

注意事项：孩子说水果的特点时，家长可做提示和帮助，尽量用完整的语言来描述。

教学反馈：○　　△　　□

强化活动指导：

活动领域	感知刺激	社会行为	认知发展	语言发展
活动编号				
效果反馈				

（请家长使用下列符号对孩子进行上述活动的结果反馈：○ = 不能完成　△ = 成人帮助下完成　□ = 能够独立完成）

周次：第9周　活动编号：18　活动名称：它们长在哪里？　　实施日期：

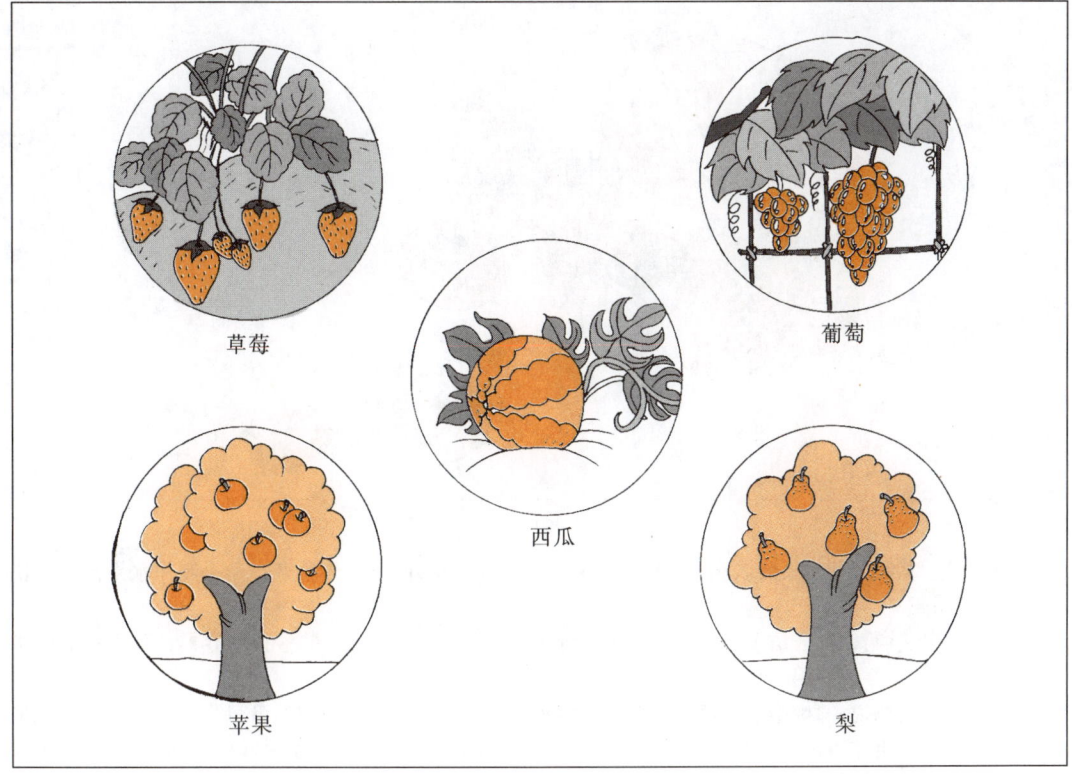

活动目的：1. 积累采摘的经验，喜爱采摘活动；2. 观察水果的生长特性；3. 能听懂问句："××长在哪里？"会用完整句回答："××长在××。"
活动准备：照相机一台，苹果、梨、草莓、西瓜等水果的图片，以及到农艺园采摘时需要的物品。
活动过程：1. 妈妈出示图片，让孩子一一指认并回答"这是××"。然后妈妈再问孩子："喜欢吃这些水果吗？你知道这些水果都长在哪里吗？妈妈爸爸带宝宝去采摘，好不好？"
　　　　　——在采摘的过程中，爸爸、妈妈示范讲解采摘的方法，让孩子亲自动手操作，体会采摘的乐趣。
　　　　　——在采摘的过程中，爸爸、妈妈引导孩子观察水果的外形、颜色、软硬、大小等特征，并重点强调水果的生长位置。
　　　　2. 妈妈或爸爸再次依次出示图片，请孩子在农艺园里找一找它们都长在哪里，并请孩子用完整句回答："××长在××。"如："苹果（梨）长在树上"，"草莓（西瓜）长在地上"，"葡萄长在葡萄架上"。
注意事项：1. 在采摘的过程中注意抓拍孩子的采摘动作及采摘的场景；2. 平时可拿出照片让孩子给熟人或同伴讲采摘的故事，也可作为看图讲述的内容。
教学反馈：○　　△　　□
强化活动指导：

活动领域	感知刺激	社会行为	认知发展	语言发展
活动编号				
效果反馈				

（请家长使用下列符号对孩子进行上述活动的结果反馈：○ = 不能完成　△ = 成人帮助下完成　□ = 能够独立完成）

周次：第 10 周　　活动编号：19　　活动名称：制作水果沙拉　　　实施日期：

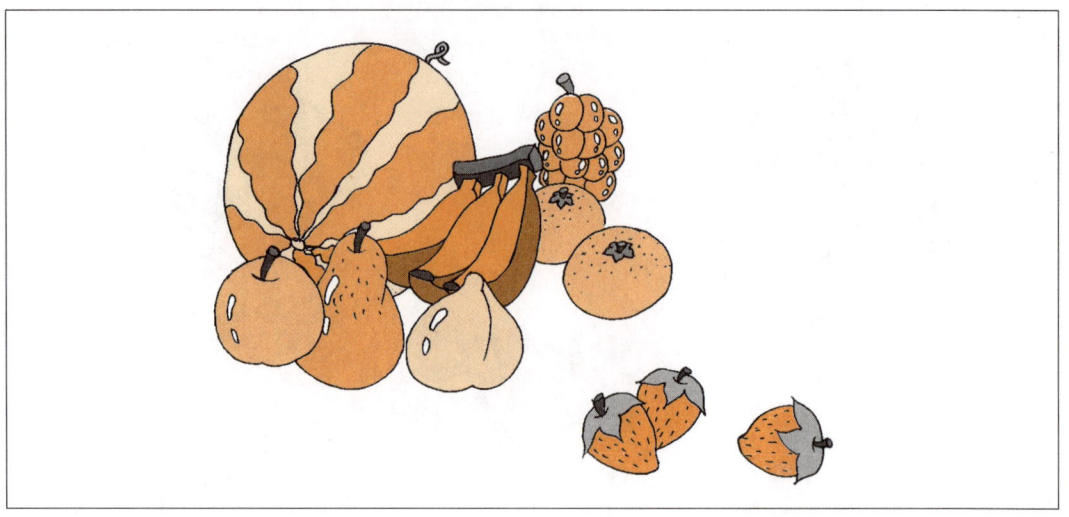

活动目的：1. 复习各种水果的名称，巩固对各种水果特征的感知；2. 体验亲自动手制作水果沙拉的快乐感。

活动准备：苹果、哈密瓜、桔子、草莓、香蕉等新鲜水果，沙拉酱一瓶，装沙拉的容器，孩子用的西餐刀一把，妈妈用的水果刀一把。

活动过程：1. 妈妈说："咿咿和呀呀送给宝宝许多水果，宝宝来说一说它们的名字。""咿咿和呀呀说请宝宝和妈妈一起用这些水果来做一道菜，这道菜的名字叫'水果沙拉'，做好后还要请邻居的小朋友尝一尝"。

2. 帮助妈妈做"水果沙拉"。

——首先把水果洗干净。在洗水果时要让孩子说一说水果皮的特点和摸起来的感受，如苹果的皮是光滑的；梨的皮上有小点点；哈密瓜的皮摸起来是粗糙的，皮上还有小网纹；草莓摸起来有点软，要轻轻地拿。

——请孩子找一找哪个水果需要剥开皮吃，并帮助妈妈剥水果皮，剥开水果皮后观察水果皮和水果瓤的区别。

——让宝宝用西餐刀切容易切的水果，如香蕉、草莓。

——把切好的水果块放到一个大容器里。这时，妈妈拿出沙拉酱告诉孩子，制作水果沙拉需要沙拉酱，并让孩子尝尝味道，然后让孩子用勺子把沙拉酱与水果搅拌在一起。

3. 孩子把制作好的沙拉分一部分给邻居，引导孩子向邻居介绍这道菜的名称。

4. 和家人一起品尝沙拉，并体会成功的快乐。

注意事项：1. 在品尝完沙拉后，还可以和孩子回忆制作的过程；2. 如果有条件可以把制作沙拉的过程录下来或拍照，平时可以用来教学；3. 不仅只限于常见的水果，市场有新品种的水果也要让孩子来认识。

教学反馈：○　　△　　□

强化活动指导：

活动领域	感知刺激	社会行为	认知发展	语言发展
活动编号				
效果反馈				

（请家长使用下列符号对孩子进行上述活动的结果反馈：○ = 不能完成　△ = 成人帮助下完成　□ = 能够独立完成）

周次：第 10 周　　活动编号：20　　活动名称：水果的味道　　　　实施日期：

活动目的：1. 运用味觉感知水果的特性；2. 会用甜甜的、酸酸的、软软的、脆脆的、又酸又甜等语言来形容水果的味道。

活动准备：1. 新鲜水果：苹果、香蕉、桔子、柠檬，并把这些水果各切一小块；2. 用于蒙住眼睛的手绢一块。

活动过程：1. 妈妈说："今天来了几个水果宝宝，请你猜一猜他们是谁？"
2. 妈妈拿出手绢蒙住孩子的眼睛，然后用牙签扎一小块苹果放到孩子的嘴里，让孩子说一说味道，猜一猜是什么水果，然后拿掉手绢让孩子看一看猜对了没有，重复说一遍苹果的味道，"苹果是甜甜的、脆脆的"。
3. 用此方法请孩子猜一猜说一说其他的水果，如：香蕉——甜甜的、软软的；桔子——又酸又甜（或又甜又酸）；柠檬——酸酸的。
4. 妈妈、孩子互换角色，妈妈被蒙住眼睛来猜一猜，并用完整的句子说出各种水果的味道。

注意事项：平时吃食物时要让孩子说一说感受，如：味道、喜爱不喜爱吃、为什么等等。

教学反馈：○　　△　　□

强化活动指导：

活动领域	感知刺激	社会行为	认知发展	语言发展
活动编号				
效果反馈				

（请家长使用下列符号对孩子进行上述活动的结果反馈：○ = 不能完成　△ = 成人帮助下完成　□ = 能够独立完成）

主题名称：好朋友

周次：第11周　　活动编号：21　　活动名称：绕口令：《小花裤》　　实施日期：

活动目的：1. 理解绕口令的简单内容；2. 能听辨"裤"、"兔"两个音；3. 喜欢学说绕口令。

活动准备：裤子和兔子的图片。

活动过程：1. 妈妈出示卡片并让孩子说出其名称。

——妈妈拿出裤子的卡片问孩子："这是什么？"如果孩子发音不准确，妈妈说一遍正确的让孩子听，然后再让孩子重复。

——妈妈再拿出兔子的卡片以相同的方式问孩子并纠正其发音。

2. 听辨"裤"、"兔"两个音。

——妈妈把裤子和兔子的图片并列摆好，然后在孩子的好耳一侧说其中的一个音"裤"，孩子听到后用小手指一指裤子的图片。孩子如果指错了，妈妈和孩子面对面地再说几遍，当孩子面对着妈妈能听辨正确时，妈妈再坐在孩子的好耳一侧说给他听。

3. 妈妈一边指着书上的图一边朗诵绕口令《小花裤》给孩子听。

4. 妈妈就绕口令的内容进行提问。

——"哥哥有条什么？""裤子上面画什么？""有一天哥哥摔破了什么？""妈妈做什么？"如果孩子有不明白的，妈妈再指着图片给孩子讲解一遍。

5. 妈妈说绕口令的前半句，孩子说后半句，体会说绕口令的快乐。如：妈妈说"哥哥有条……"，孩子说"小花裤"。依此方法接着说。

6. 妈妈带着孩子一起完整地朗诵绕口令。

注意事项：1. 在朗诵绕口令时，把难辨的音加重语气或放慢速度说；2. 朗诵时注意要有节奏和美感。

附绕口令：

小　花　裤

哥哥有条小花裤，
裤子上面画小兔。
有天哥哥摔破裤，
妈妈拿布补。
不知是布补裤，
还是布补兔。

教学反馈：○　　△　　□

强化活动指导：

活动领域	感知刺激	社会行为	认知发展	语言发展
活动编号				
效果反馈				

（请家长使用下列符号对孩子进行上述活动的结果反馈：○ = 不能完成　△ = 成人帮助下完成　□ = 能够独立完成）

周次：第11周　活动编号：22　活动名称：给小动物找朋友　实施日期：

活动目的：1. 继续理解"孤孤单单"、"发愁"的含义；2. 喜欢改编儿歌，按儿歌内容进行表演；3. 知道小鱼、小鸭在水里游，小鸟在天上飞。

活动准备：小鸭、小鸟的头饰或胸饰。

活动过程：1. 复习在幼儿园学的歌曲《小金鱼》并加上动作进行表演。

——妈妈说："宝宝在幼儿园学了小金鱼的歌，给妈妈唱一唱，好吗？"妈妈和孩子一同唱；妈妈提启发性的问题让孩子回答："小金鱼在哪里游啊？""小金鱼怎样游呀？宝宝学一学""小金鱼一个人游，没有爸爸，没有妈妈，没有小朋友会怎么样呀？"启发孩子回答"孤孤单单"、"发愁"。

——妈妈说："宝宝当小鱼，妈妈、爸爸和宝宝一起表演，好吗？"

——妈妈、爸爸引导孩子按照音乐节奏进行表演。

一条鱼水里游——右手在前，左手在后做摇摆，双脚做小碎步。
孤孤单单在发愁——双手下垂，低头面部做发愁状站好。
两条鱼水里游——动作同第一句的动作（妈妈参与进来）。
摇摇尾巴点点头——两人相对叉腰，摇两下屁股，点两下头。
三条鱼水里游——动作同第一句的动作（爸爸参与进来）。
快快活活做朋友——三人手拉手转圈。

2. 妈妈指着书上的第一组图的第一幅问孩子："小鸭在哪里游，小鸭怎样游？宝宝学一学，小鸭一个人游会怎样呀？"等待孩子回答出"孤孤单单"、"发愁"。

——妈妈分别指着第一组图的第二、三幅图问孩子："两只小鸭游会怎样？三只小鸭游会怎样？"启发引导孩子用小鸭替换小鱼来创编儿歌。

3. 妈妈、爸爸引导孩子按照音乐节奏来表演创编的儿歌。

——方法同《小金鱼》的表演，只是歌词与动作有些变动。

一只小鸭水里游——双手在身后左右摆动。
孤孤单单在发愁——双手下垂，低头面部做发愁状站好。
两（三只）小鸭水里游——动作同第一句的动作。
摇摇尾巴点点头（快快活活做朋友）——动作同《小金鱼》的动作。

4. 指着书上第二组"小鸟"的图来教孩子用小鸟替换小鱼来改编儿歌，方法同前。

注意事项：第一小节的第二拍由一个字变成两个字要唱准。

```
3    2 3 | 1 - |
一    条    鱼
一    只小  鸭
一    只小  鸟
```

附儿歌：　　　　　　　　　小　金　鱼　　　　放平词　瞿希贤曲

$1=C\ 2/4$

‖: 3 2̂3 | 1 - | 5 5̂6 | 5 - | 6 6 | 5 3 | 2 2̂3 | 1 - :‖
　一　条　鱼　水里　游，　孤孤　单单　在发　愁。
　两　条　鱼　水里　游，　摇摇　尾巴　点点　头。
　三　条　鱼　水里　游，　快快　活活　做朋　友。

教学反馈：○　　△　　□

强化活动指导：

活动领域	感知刺激	社会行为	认知发展	语言发展
活动编号				
效果反馈				

（请家长使用下列符号对孩子进行上述活动的结果反馈：○＝不能完成　△＝成人帮助下完成　□＝能够独立完成）

周次：第12周　　活动编号：23　　活动名称：看图编故事　　　　实施日期：

活动目的：1. 继续理解好朋友的含义；2. 进一步体会没有朋友的孤独和有朋友的快乐；3. 在已学故事的基础上学习看图编故事；4. 复习故事：《好朋友来了》。

活动准备：《咿呀学语活动画册（第二册）》之《小鹿的好朋友》。

活动过程：1. 妈妈拿着《小鹿的好朋友》的故事书非常有兴趣地翻看，一边看一边给自己讲故事，这时孩子被吸引过来和妈妈一起讲故事。

2. 妈妈将上图指给孩子看，并引导孩子看图讲述。

——妈妈指着第一幅图问孩子："这张图上都有什么呀？""小兔子怎么了？""小兔子为什么哭呢？"妈妈引导孩子把第一幅图讲一遍："小兔子随兔妈妈搬到了一个新地方，这里有鲜花、绿绿的青草、甜甜的河水，可是，小兔子却在流泪。"

——妈妈指着第二幅图问孩子："兔妈妈在问小兔什么呢？""小兔子怎么说的？"妈妈引导孩子把第二幅图讲一遍："妈妈看到小兔在哭，妈妈问它'孩子你怎么了'？小兔说，'妈妈，没有朋友和我玩，太没意思了，我要和小狗、小鸡在一起。'"

——妈妈指着第三幅图问孩子："兔妈妈对小兔说什么？"妈妈引导孩子回答："兔妈妈说：'我已经给小鸡、小狗的妈妈写信了，让他们也搬到这里来。'"

——妈妈指着第四幅图问孩子:"小兔在干什么?小兔为什么在跳?"妈妈引导孩子说出:"小兔听妈妈说小鸡、小狗也要来,高兴得直跳。"

——妈妈指着第五幅图问孩子:"小鸡、小狗搬来了吗?""它们为什么高兴呢?"妈妈引导孩子回答:"小鸡、小狗都搬来了,小兔拉着小鸡、小狗在草地上跳啊、唱啊、笑啊,因为,它的好朋友来了。"

3. 妈妈带着孩子把第一幅图到第五幅图连起来讲一遍。

注意事项:看图编故事时,家长要鼓励孩子大胆地表达,说错了家长不要急于纠正,等孩子讲完,家长再把正确的重复一遍。

教学反馈:○　△　□

强化活动指导:

活动领域	感知刺激	社会行为	认知发展	语言发展
活动编号				
效果反馈				

（请家长使用下列符号对孩子进行上述活动的结果反馈:○ = 不能完成　△ = 成人帮助下完成　□ = 能够独立完成）

周次:第12周　活动编号:24　活动名称:给好朋友分玩具　　实施日期:

活动目的:1. 继续理解"不独占"的含义;2. 愿意将自己的玩具分给大家玩。

活动准备:孩子已有的玩具。

活动过程:1. 妈妈和孩子一起回忆在幼儿园学的木偶表演《好朋友一起玩》。

——妈妈提问:"咿咿的爸爸送给咿咿什么生日礼物?"(玩具警车)

"咿咿开始怎么做的?"(不和大家玩,他自己玩)

"咿咿后来怎么做的?"(咿咿和大家一起玩警车,真开心)

"咿咿和大家一起玩警车真开心,为什么呀?"引导孩子回答出"一个人玩没意思,和大家一起玩真开心"。

2. 妈妈和孩子拿出自己家的玩具请邻居小朋友来玩。

——请孩子说一说自己都有什么玩具并叫出玩具的名称。

——妈妈问宝宝:"宝宝有这么多的玩具,愿意和邻居的小朋友一起玩吗?"妈妈引导孩子说出:"好孩子有了玩具大家玩。"妈妈鼓励孩子说:"你真是个好孩子。"

5. 妈妈带孩子去邻居家,邀请小朋友来家里做客,让孩子主动把玩具分给小朋友玩。

6. 当孩子游戏结束后,请他说一说和小朋友一起玩玩具的感受。

注意事项:平时家长要注意培养孩子学会分享。

教学反馈:○　　△　　□

强化活动指导:

活动领域	感知刺激	社会行为	认知发展	语言发展
活动编号				
效果反馈				

(请家长使用下列符号对孩子进行上述活动的结果反馈:○ = 不能完成　△ = 成人帮助下完成　□ = 能够独立完成)

主题名称：秋天的情趣

周次：第 13 周　　活动编号：25　　活动名称：树叶像什么？　　实施日期：

活动目的：1. 能通过想象说出树叶像什么；2. 体验用树叶贴画的乐趣。
活动准备：1. 各种颜色和形状的落叶；2. 纸、胶水、笔。
活动过程：1. 妈妈和孩子欣赏落叶。
　　　　　——妈妈拿出各种落叶，请孩子看一看，摸一摸，说一说树叶是什么形状的，什么颜色的。（黄的、红的、绿的、细长的、圆的、蝴蝶状的……）
　　　　　——妈妈拿起一片树叶，请孩子说一说这片树叶是什么形状的、什么颜色的、像什么。启发孩子通过自己的想象和已有的经验说出"树叶像××"。
　　　　　——妈妈依次拿出不同的树叶请孩子来说，孩子说完了，妈妈也可以说出不同的句子来丰富孩子的想象。
　　　　2. 妈妈出示书上的树叶贴图，模仿书上的图案贴树叶。
　　　　　——妈妈说："宝宝看，图上画的树叶像什么呀？和宝宝说的一样吗？"
　　　　　——妈妈和孩子一起拿树叶贴图，一边贴一边启发孩子说："树叶像小船，在水中划呀划；树叶像金鱼，大大尾巴真好看；树叶像蝴蝶，飞在花丛中。"（孩子不会说后半句由妈妈带着说）
注意事项：除了模仿书上的图案也可以贴孩子想出来的图案。
教学反馈：○　　△　　□
强化活动指导：

活动领域	感知刺激	社会行为	认知发展	语言发展
活动编号				
效果反馈				

　　（请家长使用下列符号对孩子进行上述活动的结果反馈：○ = 不能完成　△ = 成人帮助下完成　□ = 能够独立完成）

周次：第13周　活动编号：26　活动名称：什么东西会飘下来？　实施日期：

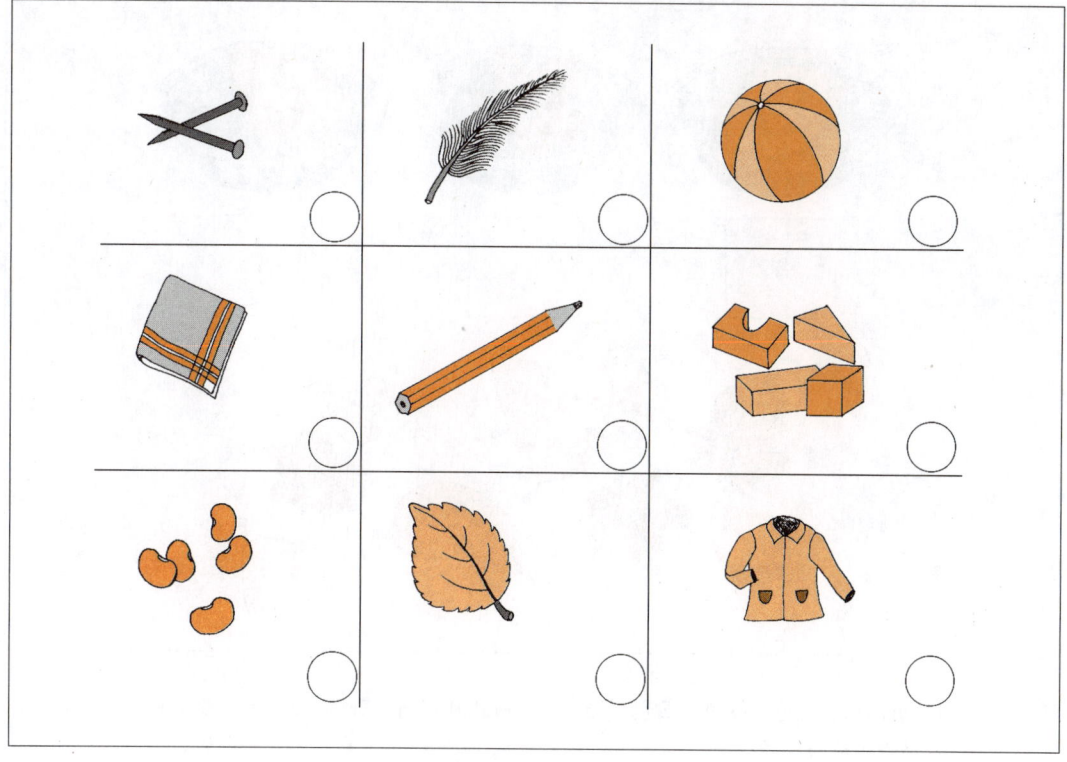

活动目的：1. 继续感知轻的物体会飘下来，重的物体会掉下来；2. 会用语言表达"××会飘下来"；3. 会在记录纸上用"○"和"×"来记录物体飘落的情况。
活动准备：1. 观察材料：纸片、羽毛、花瓣、落叶、吹泡泡玩具、气球、手绢、皮球、笔、积木、衣服、小石子等；2. 用来做记录的笔。
活动过程：1. 引导孩子观察，实践哪些物体会飘落下来。
　　　　——妈妈出示准备好的观察材料，请孩子说一说这些都是什么。让孩子叫出这些物品的名称。
　　　　——妈妈让孩子站在高处（如床上）把这些物品一一往下丢，然后说一说这些物品是怎样落下的，启发孩子说出：纸片（花瓣、落叶、羽毛、泡泡、气球、手绢）是飘下来的，皮球（笔、积木、衣服、小石子）是掉下来的。
　　　　2. 妈妈让孩子用手掂一掂，比一比飘下来的物体和掉下来物体的重量，引导孩子说出："××轻，会飘下来；××重，会掉下来。"
　　　　3. 妈妈出示书上的记录图，请孩子在会飘的物体下面画"○"，在不会飘的物体下面画"×"。
注意事项：在日常生活中多让孩子实践，也可设计一些小实验让孩子亲自动手做一做。
教学反馈：○　　△　　□
强化活动指导：

活动领域	感知刺激	社会行为	认知发展	语言发展
活动编号				
效果反馈				

（请家长使用下列符号对孩子进行上述活动的结果反馈：○＝不能完成　△＝成人帮助下完成　□＝能够独立完成）

周次：第 14 周　　活动编号：27　　活动名称：给树叶找朋友　　实施日期：

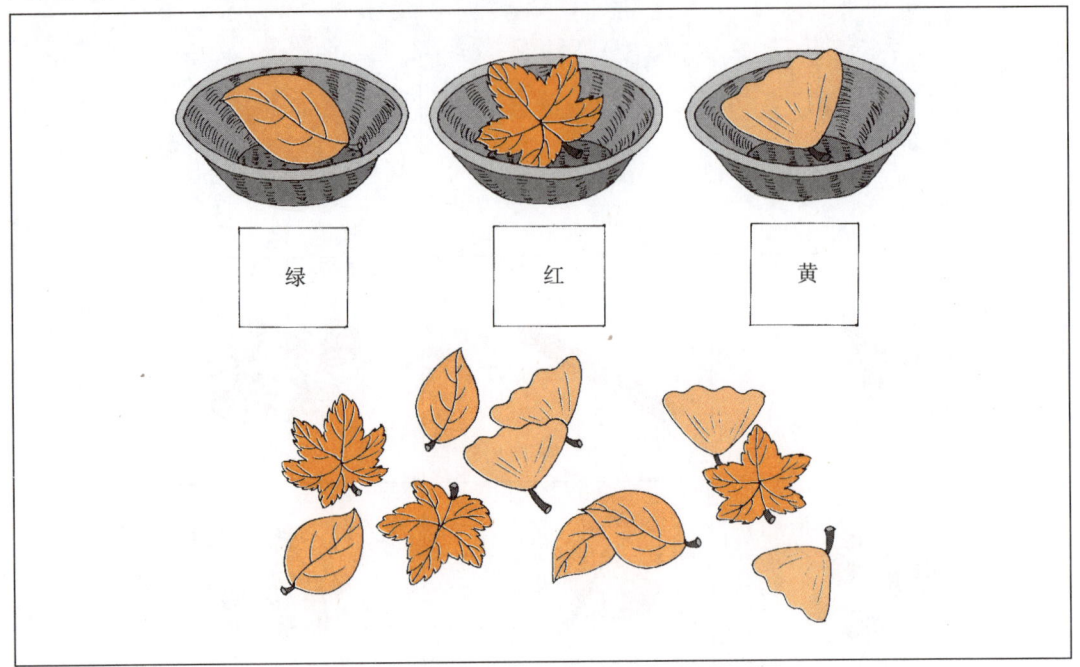

活动目的：1. 巩固认识红色、绿色、黄色，能一一对应找到相同的颜色；2. 体验孩子和妈妈的亲情以及这种亲情的迁移。

活动准备：1. 妈妈画的红树叶、绿树叶、黄树叶；用红、绿、黄笔写的"红"、"绿"、"黄"的三张字卡；2. 三个小筐，分别用来放红树叶（绿树叶、黄树叶）和"红"字卡（"绿"、"黄"字卡）；3. 小铲子。

活动过程：1. 妈妈出示教具，引起孩子"给树叶找朋友"的愿望。

——妈妈说："宝宝你看，妈妈这有三个筐，筐里都有什么呀？（树叶和字卡）"妈妈继续说："对，筐里有树叶和字卡，宝宝知道树叶是什么颜色的吗？字卡上的字念什么？"如果孩子没答上来，妈妈一一告诉孩子。

——妈妈引导孩子说："每只筐里只有一片树叶，小树叶多孤单呀！我们怎么办呢？"启发孩子说出："给树叶找朋友。"

2. 妈妈和孩子到街心花园去给小树叶找朋友。

当孩子捡到树叶后，妈妈问孩子："树叶是什么颜色的？应该把它放到哪个筐里？"启发孩子把颜色相同的树叶放到同一个筐里。

3. 小树叶找到妈妈，并把树叶埋在树下。

——妈妈问孩子："小树叶是谁的孩子呀？""我们把小树叶送给大树妈妈，好吗？"然后妈妈引导孩子把红树叶埋到树上还有红树叶的树下，绿树叶（黄树叶）埋到树上还有绿树叶（黄树叶）的树下。

4. 妈妈和孩子谈一谈帮小树叶找到朋友、找到妈妈的感受。

妈妈问孩子："宝宝要是找不到妈妈，找不到朋友会怎样？"

妈妈问孩子："小树叶找不到朋友会怎样？"

妈妈问孩子："宝宝帮小树叶找到了朋友，找到了妈妈，小树叶会怎样呀？"

妈妈引导孩子说出自己的感受。

注意事项：如果孩子在回答问题时不能用完整句表达，妈妈要用完整句再重复一遍。

教学反馈：○　　△　　□

强化活动指导：

活动领域	感知刺激	社会行为	认知发展	语言发展
活动编号				
效果反馈				

（请家长使用下列符号对孩子进行上述活动的结果反馈：○＝不能完成　△＝成人帮助下完成　□＝能够独立完成）

周次：第14周　　活动编号：28　　活动名称：树叶都能做成啥？　　实施日期：

活动目的：1. 理解故事内容，知道小蚂蚁把树叶都做成了什么；2. 能用"小蚂蚁把树叶做成××"的完整句来回答问题。

活动准备：句式卡，如：小蚂蚁（用形象表示）把树叶（用形象表示）做成小伞（用形象表示）。

活动过程：1. 看图听故事。

——妈妈指着书上的图给孩子完整地讲一遍小蚂蚁的故事："有一天，一只聪明的小蚂蚁走丢了。它朝回家的路走啊走，突然天下雨了，小蚂蚁把树叶做成小伞来挡雨。走着走着前面有一条小河，小蚂蚁用树叶做成的小船来过河。天渐渐地黑了，小蚂蚁还没有找到家，小蚂蚁就用树叶做成床和被子睡觉了。天亮了，小蚂蚁终于找到了家。"

2. 妈妈根据故事情节提问。

——妈妈指着第二幅图问孩子："天下雨了，小蚂蚁把树叶做成了什么？"这时妈妈出示句卡，引导孩子用完整句式回答出："小蚂蚁把树叶做成小伞。"

——妈妈接着再指第三幅图问："过河时，小蚂蚁把树叶做成什么了？"妈妈同样再出示第二张句式卡，引导孩子回答出："小蚂蚁把树叶做成小船。"
——妈妈指着第四幅图问："天黑了，小蚂蚁把树叶做成什么了？"同样妈妈再出示第三张句式卡，引导孩子回答："小蚂蚁把树叶做成床和被子。"
   3. 妈妈协助孩子把故事讲一遍，过渡的话妈妈讲，主要句式孩子讲。
注意事项：1. 孩子有兴趣还可改编故事，如：小蚂蚁把树叶做成扇子。2. 妈妈也可以和孩子来表演故事。
教学反馈：○　　△　　□
强化活动指导：

活动领域	感知刺激	社会行为	认知发展	语言发展
活动编号				
效果反馈				

（请家长使用下列符号对孩子进行上述活动的结果反馈：○ = 不能完成　△ = 成人帮助下完成　□ = 能够独立完成）

周次：第15周　活动编号：29　活动名称：给树叶化妆　　实施日期：

活动目的：1. 会描出树叶的轮廓；2. 感受给树叶涂颜色的乐趣。
活动准备：1. 形状稍大的树叶（杨树叶）；2. 彩色笔一盒；3. 图画纸；4. 背景轻音乐。
活动过程：1. 兴趣引导。
　　——妈妈出示一片树叶，并用树叶的口吻对孩子说："啊！你的衣服真漂亮，可是我的全身只有一种颜色，我也要像你一样漂亮，帮我化妆，好吗？"

2. 妈妈做示范，并开始放轻音乐。
——先拿起一片树叶，放在纸上，用左手按住树叶，右手拿笔沿着树叶的边缘画出轮廓，然后拿走树叶，在树叶的轮廓内用两条线分出三个区域，并用三种不同的颜色来涂。
——妈妈指着刚刚画好的树叶问孩子："宝宝你看，小树叶漂亮了吗？它身上有几种颜色？"妈妈可以拿着孩子的小手点着树叶上的颜色数："红色、黄色、蓝色，三种颜色。"
3. 妈妈指导孩子画树叶的轮廓和涂颜色。
——妈妈说："宝宝也来给小树叶化妆吧"，"我们先画出小树叶的轮廓"。妈妈一边指导孩子操作一边说出操作的过程。
——让孩子自己选颜色来涂，涂颜色时妈妈讲清要领，要顺着一个方向涂，涂完一种颜色再涂另一种颜色，尽量不要出边。
4. 妈妈和孩子共同欣赏作品。
——妈妈又扮作小树叶对孩子说："真漂亮，真漂亮，我变得和你一样漂亮了，谢谢你。"
5. 把孩子的作品挂起来作为装饰。

注意事项：1. 在分割树叶轮廓内的区域时，有很多方式请参照书上的插图；2. 除了给树叶涂颜色外，也可以在树叶的轮廓内画上五官，变成树叶宝宝。

教学反馈：○　　△　　□
强化活动指导：

活动领域	感知刺激	社会行为	认知发展	语言发展
活动编号				
效果反馈				

（请家长使用下列符号对孩子进行上述活动的结果反馈：○＝不能完成　△＝成人帮助下完成　□＝能够独立完成）

周次：第15周　　活动编号：30　　活动名称：给树叶找个家　　实施日期：

活动目的：1. 延伸在幼儿园收藏树叶的活动，体验另一种收藏方式；2. 继续感受收藏和发现的乐趣。
活动准备：书、小筐、湿抹布。
活动过程：1. 妈妈欣赏孩子从幼儿园带回的收藏树叶的图书。
——妈妈认真地翻看孩子的树叶图书并称赞说："宝宝的树叶书真好看。这片小树叶住在宝宝的书里一定很幸福。"
2. 妈妈带孩子到附近的花园去收集树叶。
——妈妈说："宝宝，花园里有很多漂亮的树叶，我们再给小树叶找个家，好吗？"妈妈引导孩子找不同形状、不同颜色、不同大小的树叶，然后放入小筐；在捡树叶时，妈妈有意启发孩子用语言来描述树叶，并观察这些树叶的区别。
3. 回家后整理收集来的树叶。
——妈妈带着孩子一同用抹布把树叶擦干净，一边擦树叶一边对孩子说："小树叶的身上有灰尘，我们来用抹布擦一擦，擦干净了小树叶会更漂亮。"
——把树叶分类整理，按颜色分或按形状分或按大小分。妈妈说："我们把红色的（圆形的、大的）树叶放在一起，黄色的（长形的、小的）树叶放在一起"，"我们再来数一数每种颜色的树叶有几片？"
4. 把树叶放到书里夹好。
——妈妈说："我们现在把小树叶送到新家，好吗？"妈妈拿出书，指导孩子一片一片把树叶夹好。树叶夹好后，再用几本书压在夹有树叶的书的上面。
妈妈说："小树叶现在要睡觉了，我们给它唱首摇篮曲吧。"
注意事项：待树叶变干后，妈妈让孩子观察树叶的变化，然后带孩子到外面把树叶塑封上并制成书签或小装饰物，在节日或小朋友过生日时，可作为礼物送给老师或小朋友。

教学反馈：〇　　△　　□

强化活动指导：

活动领域	感知刺激	社会行为	认知发展	语言发展
活动编号				
效果反馈				

（请家长使用下列符号对孩子进行上述活动的结果反馈：〇 = 不能完成　△ = 成人帮助下完成　□ = 能够独立完成）

周次：第 16 周　　活动编号：31　　活动名称：拼拼看　　　　实施日期：

活动目的：1. 继续体验走在树叶小路上的感觉，并用象声词来形容听到的声音；2. 能用树叶拼出一条小路；3. 模仿《会响的小路》的故事来做游戏。

活动准备：1. 小猫、小兔、小狗的动物玩具；2. 一张大报纸；3. 小筐或塑料袋。

活动过程：1. 妈妈带孩子到落满落叶的小路中去体会走在落叶上的感觉。

——妈妈让孩子在树叶小路上走来走去，并注意聆听树叶发出的声响，让孩子用象声词来模仿"嘎吱嘎吱"的声音。

——孩子在树叶小路上跳来跳去，听一听树叶发出了什么声响，并用象声词来模仿"踢踏踢踏"的声音。

——孩子在树叶小路上跑来跑去，听一听树叶发出了什么声响，并用象声词来模仿"哗啦哗啦"的声音。

2. 采集一些树叶回来，拼一条树叶小路。

——妈妈拿出一张大报纸铺在地上，对孩子说："我们用树叶在报纸上拼一条树叶小路，好不好？"然后，妈妈指导孩子把树叶一片接一片地拼满报纸。拼好后，妈妈称赞："宝宝拼得真好，宝宝真能干！"

3. 出示玩具和孩子在树叶小路上做游戏。

——妈妈讲故事，孩子按故事内容操作小动物。"树林里有一条小路，路上铺满了金黄色的树叶。小花猫轻轻地走在小路上（这时，孩子拿着小猫玩具轻轻地在树叶小路上走过，并同妈妈一起说象声词"嘎吱嘎吱"），像在散步；小白兔跳进小路（这时孩子又拿起小白兔在小路上做跳的动作，并和妈妈一起说"踢踏踢踏"），像在跳舞；小花狗跑进小路（这时孩子拿起小狗在树叶小路上跑并和妈妈一起说"哗啦哗啦"），像在和树叶做游戏。风儿来了，小花猫挡住风儿："（这时宝宝摆着手和妈妈一起说）你别刮走路上的树叶，树叶的声音多好听呀！"于是风儿踮着脚尖轻轻跑过小路。

注意事项：1. 当孩子需要拿起玩具操作时，妈妈的语速要放慢些，给孩子一些反应的时间；2. 妈妈讲故事时要充满激情，能够感染孩子。

教学反馈：○　　△　　□

强化活动指导：

活动领域	感知刺激	社会行为	认知发展	语言发展
活动编号				
效果反馈				

（请家长使用下列符号对孩子进行上述活动的结果反馈：○ = 不能完成　　△ = 成人帮助下完成　　□ = 能够独立完成）

周次：第 16 周　　活动编号：32　　活动名称：叶子飘落在哪里了？　　实施日期：

活动目的：1. 感受秋天的美景，激发孩子热爱自然的情感；2. 能够看到并说出树叶飘落的地方；3. 在成人的启发下能够说出"树叶飘落在××，像××"的句子。

活动准备：1. 照相机；2. 出游时的必需品。

活动过程：1. 爸爸、妈妈利用周末带孩子到大自然中去学习。

——在游玩的过程中，妈妈有目的地引导孩子观察树叶飘落的地方，并在每一处留影。

——当走到落叶多的地方时，妈妈问孩子："宝宝找一找树叶飘落到哪里了？像什么呀？"妈妈引导孩子说出："树叶飘落到地上，像给大地盖上了被子。"（后半句孩子说不出没关系，理解就可以了）

——当走到小河或小溪边时，妈妈提醒孩子说："宝宝看，树叶飘落到哪里去了？"引导孩子说出："树叶飘落到小河里，像小船摇啊摇。"

——当走到草地上时，妈妈有意让孩子主动说出："树叶飘落到草地上，像花儿。"孩子说不出后半句妈妈可以反复启发。（如：红红的叶子落在绿绿的/黄黄的草地上，像什么呀？）

2. 寻找一处安静的地方，坐下来休息。这时，让孩子把刚才看到的情景再给爸爸说一遍，爸爸要表现出非常有兴趣的样子听，并重复孩子说的句子。

注意事项：1. 此活动可延伸，利用照片来让孩子讲述"叶子飘落在哪里了"。

2. 把寻找"叶子飘落在哪里"的过程同孩子一起编成儿歌。

如：秋天呀，秋天呀，树叶到处飞，树叶飞到大地上，好像盖上厚棉被。

秋天呀，秋天呀，树叶到处飞，树叶飞到小河里，好像小船摇呀摇。

秋天呀，秋天呀，树叶到处飞，树叶飞到草地上，好像花儿在开放。

教学反馈：○　　△　　□

强化活动指导：

活动领域	感知刺激	社会行为	认知发展	语言发展
活动编号				
效果反馈				

（请家长使用下列符号对孩子进行上述活动的结果反馈：○ = 不能完成　△ = 成人帮助下完成　□ = 能够独立完成）

主题名称：快乐的冬天

周次：第17周　　活动编号：33　　活动名称：哪些是冬天的用品？　　实施日期：

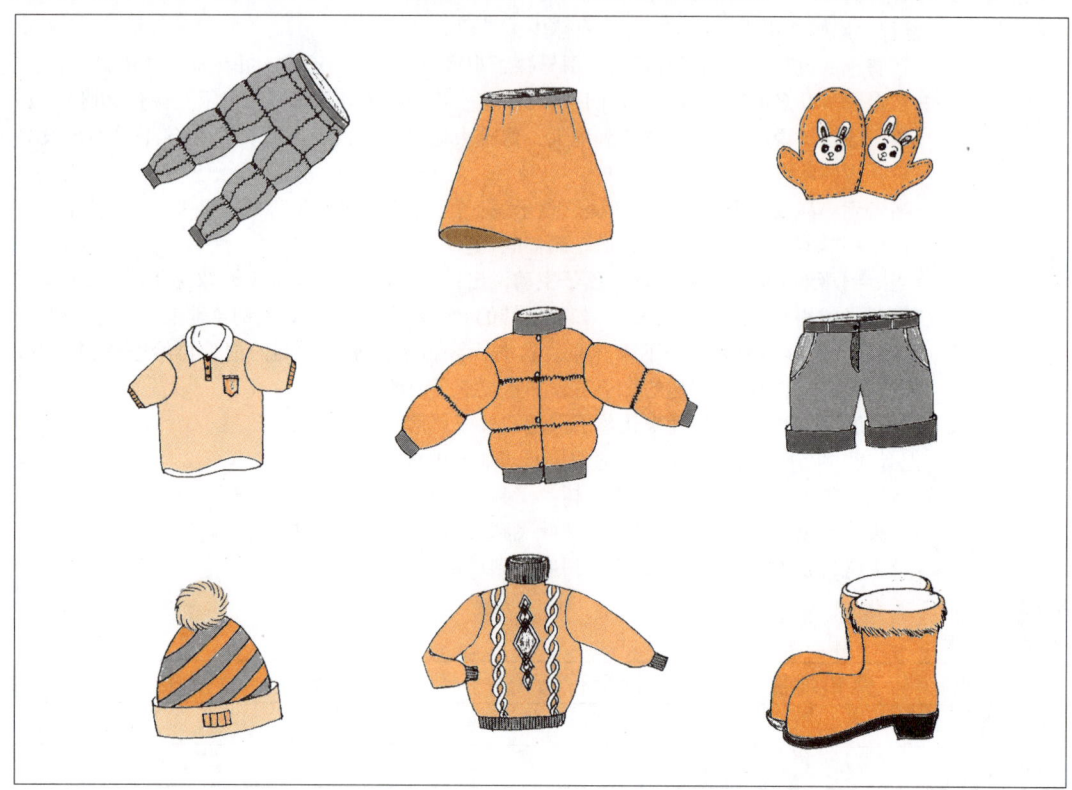

活动目的：1. 能在夏天的用品和冬天的用品中找出冬天的用品，并叫出它们的名称；2. 继续感知冬天来了，知道冬天天气冷。

活动准备：1. 冬天穿的衣服：毛衣、棉衣、羽绒服、毛裤、棉裤、帽子、手套、棉鞋；2. 夏天穿的衣服：背心、短裤、裙子、衬衣、凉鞋。

活动过程：1. 妈妈出示准备的所有衣服，请孩子一一叫出名称。

2. 妈妈说："我们要到外面去玩，宝宝找一找你要穿的衣服。"妈妈这时在一旁穿自己的羽绒服、戴帽子、手套，穿上棉鞋，而且一边穿一边说："冬天来了，外面好冷，我要穿××、戴××。"

3. 妈妈穿好衣服有意展示给孩子看，并观察孩子是否拿对了衣服，然后妈妈协助孩子穿好衣服，戴好帽子、手套，穿上棉鞋。边穿边对孩子说："冬天，到外面去要穿棉衣、穿羽绒服、戴帽子、戴手套、穿棉鞋。"

4. 在户外，妈妈让孩子说一说其他人穿的是什么，戴的是什么，并问孩子为什么要穿棉衣、穿羽绒服、戴帽子、戴手套、穿棉鞋。妈妈可以摘下孩子的手套，让他感觉到冷，并启发孩子说出："冬天冷。"

5. 回到室内，感觉室内外的温差，问孩子屋里为什么会暖和。启发孩子找到屋里的暖气，告诉孩子暖气很热，不要用手摸。

6. 妈妈出示书上的图，让孩子找一找哪些是冬天的用品。

注意事项：1. 晚上睡觉时让孩子体会盖上棉被很温暖的感觉；2. 平时要多说有关冬天的话题。

教学反馈：　○　　△　　□

强化活动指导：

活动领域	感知刺激	社会行为	认知发展	语言发展
活动编号				
效果反馈				

（请家长使用下列符号对孩子进行上述活动的结果反馈：○＝不能完成　△＝成人帮助下完成　□＝能够独立完成）

周次：第 17 周　　活动编号：34　　活动名称：冰的形状　　　　　实施日期：

活动目的：1. 继续感知冰的特征；2. 复习所学词汇"冷冷的、滑滑的"；3. 能根据冰的形状说出：方形、三角形、圆形、小动物形。

活动准备：1. 事先冻好的各种形状的冰块；2. 冻冰的模子：可装水的塑料玩具（小兔、小鸭、小鱼等）、半个完整的桔子皮，或其他可冻冰的东西。

活动过程：1. 妈妈和孩子一同从窗外取回冻好的冰块，摸一摸，说一说。
——让孩子先摸一摸冰，并把冰放在脸上感受一下，然后说出感受：硬硬的、冷冷的、滑滑的。
——把冰从容器中取出，让孩子看看冰是什么形状的，和容器的形状是否一样，然后再一一对应把冰放回容器。
2. 妈妈启发孩子说出冰的形状，如方形、三角形、圆形等，然后妈妈再问孩子："冰还可以是什么形状？"
3. 妈妈和孩子共同制作不同形状的冰。
——妈妈拿出准备好的冰模子，让孩子把水倒进去，然后问孩子水是什么形状的？
4. 把放好水的冰模子拿到窗外冻起来，妈妈启发孩子思考为什么要在外面冻冰呢？

注意事项：当冰冻好后从模子中倒出来，然后再把模子注满水让孩子观察冰和水的形状，孩子发现冰和模子里的水的形状相同后，讲给幼儿园的小朋友听。

教学反馈：○　△　□

强化活动指导：

活动领域	感知刺激	社会行为	认知发展	语言发展
活动编号				
效果反馈				

（请家长使用下列符号对孩子进行上述活动的结果反馈：○ = 不能完成　△ = 成人帮助下完成　□ = 能够独立完成）

周次：第18周　活动编号：35　活动名称：下雪了　　　实施日期：

活动目的：1. 复习故事《白花花》，能在成人的带领下表演故事；2. 知道雪花的特征及形状。

活动准备：1. 小狗、小猫、老母鸡的头饰；2.《咿呀学语活动画册（第二册）》之《白花花》；3. 一小盘糖和盐。

活动过程：1. 妈妈拿出《白花花》的故事书一边给孩子翻看一边讲故事。

在讲故事的过程中妈妈提问：

——"小黄狗从屋里跑出来说什么？"

——"小花猫从屋里跑出来说什么？"

——"老母鸡走过来说什么？"

——"老母鸡还干什么了？"

——"白花花是什么味道的？"

——"白花花是什么东西呀?"
2. 妈妈、爸爸、孩子分别戴上头饰扮演小黄狗、小花猫和老母鸡,按故事情节来表演。
——妈妈讲述故事:"一片、二片、三片……"当讲到"小黄狗跑出来"时,扮演黄狗的爸爸跑过来说:"汪汪汪,下糖啦,下糖了,大家快来看呀!"讲到"小花猫从屋里跑出来时",扮演小花猫的孩子跑过来说:"喵喵喵,下盐了,下盐了,大家快来看呀!"同此方法,继续表演。
3. 换角色来表演。
4. 妈妈指着《咿呀学语课业手册》之《下雪了》的图问孩子:"宝宝,你看图上画的是什么?"孩子回答:"花。"妈妈再问:"宝宝知道这是什么花吗?"然后妈妈告诉孩子这是雪花,雪花有六个瓣,让孩子用手指着花瓣数一数。
5. 妈妈拿来糖和盐让孩子区分,并让孩子观察糖和盐有没有花瓣。"小黄狗和小花猫说下糖、下盐,对吗?""不是糖、不是盐是什么呢?"孩子回答对了,妈妈给予称赞。

注意事项:下雪的时候一定让孩子在放大镜下观察雪花的形状,并亲自尝一下雪的味道。
教学反馈:〇　△　□
强化活动指导:

活动领域	感知刺激	社会行为	认知发展	语言发展
活动编号				
效果反馈				

（请家长使用下列符号对孩子进行上述活动的结果反馈:〇=不能完成　△=成人帮助下完成　□=能够独立完成）

周次:第18周　活动编号:36　活动名称:辨脚印认朋友　　实施日期:

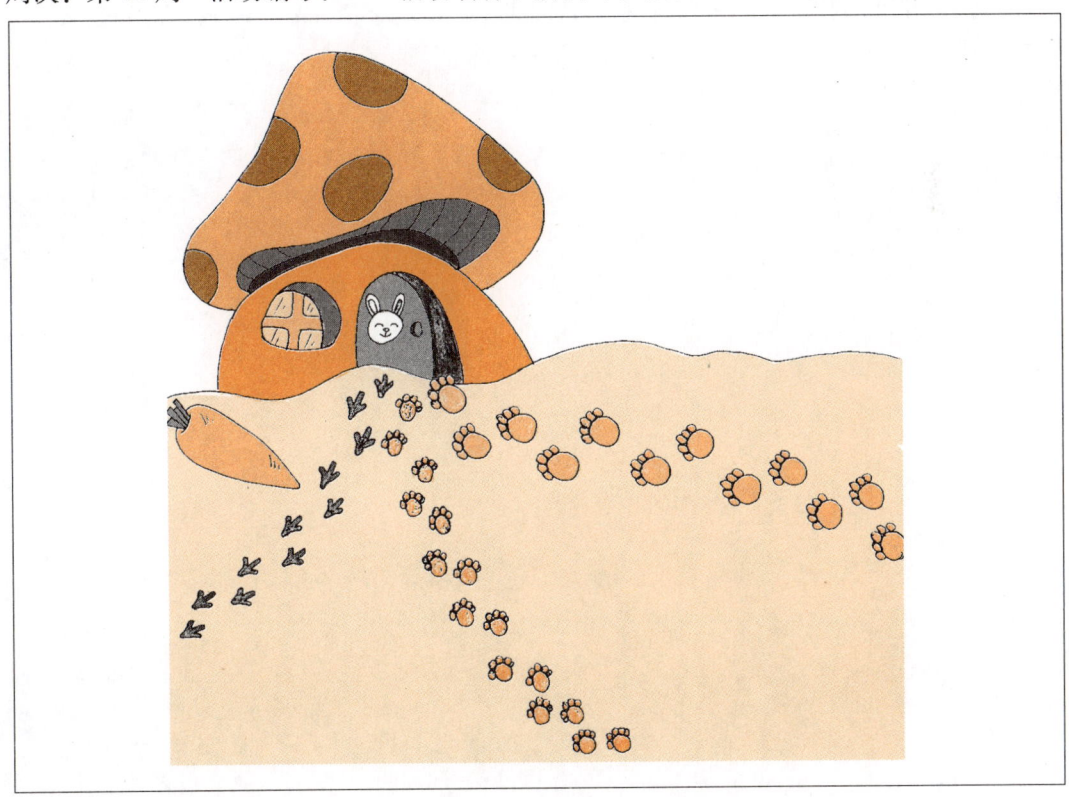

活动目的：1. 继续了解雪的特性，知道雪是松软的；2. 学习认识几种动物脚印的特点并能区分。
活动准备：1. 有过在雪中走路的经验；2. 小猫、小鸡、熊猫的实物图片。
活动过程：1. 妈妈出示图片让孩子观察小动物脚的特点和区别。

     妈妈引导观察：小鸡有两只脚，每只脚有三个脚趾。

    小猫有四只脚，小猫的脚是圆乎乎的，前面有五个小脚趾。

    熊猫有四只脚，熊猫的脚和小猫的脚很像，也是圆乎乎的，前面有五个小脚趾，但熊猫的脚比小猫的脚大很多。

   2. 妈妈引导孩子回忆在雪中走路的情景。

   ——妈妈说："宝宝，看一看你有几只脚？宝宝还记得上次下雪我们在雪地里走吗？""宝宝在雪地里留下了什么？""宝宝的两只小脚踩在雪上感觉到了什么？"妈妈启发孩子说出："松松的，软软的。"

   3. 妈妈指着书上的图片让孩子来辨认脚印。

   ——妈妈讲解图画的内容："下雪了，到处都是白茫茫的一片。小兔要过生日，有谁来小兔家给小兔过生日呢？"妈妈引导孩子观察地上的脚印，说一说它们都是谁。

   4. 妈妈拿出图片，用图片上的小动物和图书上画的脚印相比较，让孩子自己判断对与错。

注意事项：1. 刚下过雪后，带孩子到雪地里找一找小鸟的脚印，比一比妈妈的脚印和孩子的脚印；2. 玩捉迷藏的游戏，让孩子通过观察脚印的走向找到妈妈。

教学反馈：○ △ □

强化活动指导：

活动领域	感知刺激	社会行为	认知发展	语言发展
活动编号				
效果反馈				

  （请家长使用下列符号对孩子进行上述活动的结果反馈：○=不能完成 △=成人帮助下完成 □=能够独立完成）

周次：第 19 周　　活动编号：37　　活动名称：奇妙的发现　　　　实施日期：

活动目的：1. 通过运动让孩子亲身体会运动可以使身体暖和；2. 学习词汇：出汗。
活动准备：1. 小足球、跳绳；2. 小兔、小鸟的头饰；3. 胡萝卜和小虫子的卡片。
活动过程：1. 妈妈、爸爸带孩子到室外体验冬天的寒冷。
　　　　——妈妈、爸爸、孩子不要穿过于厚重的衣服。刚从室内到室外会感到有些冷，这时，爸爸问："宝宝，你冷吗？"妈妈此时做出很冷的样子说："我很冷"，并引导孩子也说出："我很冷"。
　　　　2. 爸爸拿出足球和跳绳说："让我们来做运动吧！"妈妈和爸爸带着孩子一起跳绳、踢球。待身体发热后，爸爸再问孩子："宝宝，你还冷吗？"这时妈妈让孩子摸摸自己的小脸、小手，感觉都是热乎乎的，并告诉爸爸："我不冷。"
　　　　3. 妈妈、爸爸领着孩子做小鸟飞、小兔跳的游戏。
　　　　——妈妈在地上画一条直线，在距直线 5～6 米远的地方，妈妈拿着小虫的卡片站好，然后，爸爸、孩子戴上小鸟的头饰比赛，看谁先"飞"到妈妈处拿到小虫子。反复玩几次，爸爸也要获胜 1、2 次。
　　　　——用同样的方法玩小兔跳的游戏，要求双脚跳。
　　　　4. 玩完后，爸爸让孩子摸一摸爸爸的额头，发现爸爸的额头上出汗了，再摸一摸孩子的额头也出汗了。爸爸说："宝宝，你的额头怎么了？"妈妈启发孩子说："出汗了"，然后再问孩子："为什么出汗了？"妈妈引导孩子回答："我们运动了。"
注意事项：1. 出汗后马上让孩子回房间，以防止感冒；2. 平时多给孩子提供机会，让他尝试多种抵御寒冷的方法，如：喝热水、多穿衣服、烤暖气、开空调、冲热水袋等。

教学反馈：○　△　□

强化活动指导：

活动领域	感知刺激	社会行为	认知发展	语言发展
活动编号				
效果反馈				

（请家长使用下列符号对孩子进行上述活动的结果反馈：○ = 不能完成　△ = 成人帮助下完成　□ = 能够独立完成）

周次：第 19 周　　活动编号：38　　活动名称：是谁不怕冷？　　　　实施日期：

活动目的：1. 能回答"谁不怕冷"和"为什么"的问题；2. 喜欢和妈妈一起讨论。

活动准备：小兔、小猫、小鸟、小狗、小羊、公鸡、青蛙、蛇和小虫子的卡片。

活动过程：1. 妈妈和孩子一同看书上的图，一边看妈妈一边提问，并启发孩子讲述图上的内容。

——妈妈指着图问孩子："图上都有谁呀？"妈妈启发孩子回答出："图上有小朋友、小兔子、小花猫、小鸟，还有小青蛙、小蛇和小虫子。"妈妈再问："它们在干什么呢？"引导孩子回答："小朋友在做操；小猫、小兔在玩球；小鸟在天上飞；小青蛙、小蛇、小虫子躲在洞里睡觉。"

——妈妈继续提问:"小朋友身上穿什么了?小动物们都穿什么了?"启发孩子说出:"小朋友穿棉衣、戴帽子、戴手套;小猫、小兔身上有厚厚的毛,好像穿了大皮袄;小青蛙、小蛇、小虫子身上没长厚厚的毛,好像没穿衣服。"

——妈妈让孩子在图上找一找是谁不怕冷,并启发孩子说出他们不怕冷的原因。

2. 妈妈拿出准备好的卡片,让孩子找一找哪些小动物不怕冷,哪些小动物怕冷,并把不怕冷和怕冷的动物卡片分开放,然后让孩子说一说为什么有的小动物不怕冷,有的小动物怕冷。

3. 妈妈和孩子模仿不怕冷的小动物的动作做游戏,让孩子自由发挥想象。

注意事项:当孩子回答不出问题时,家长可以用动作演示,帮助孩子理解。

教学反馈:○　　△　　□

强化活动指导:

活动领域	感知刺激	社会行为	认知发展	语言发展
活动编号				
效果反馈				

(请家长使用下列符号对孩子进行上述活动的结果反馈:○ = 不能完成　△ = 成人帮助下完成　□ = 能够独立完成)

周次:第20周　活动编号:39　活动名称:小狗买帽子　　实施日期:

活动目的：1. 按大小特征给三个物体排序并进行相应的匹配；2. 尝试解决简单问题。
活动准备：1. 三只大小不一的玩具狗；2. 超市布置：陈列最大的、大的、最小的帽子和围巾、棉衣若干组。
活动过程：1. 小狗排排队。
——天冷了，有三只小狗出去散步，他们嚷嚷着去买帽子。
——出示教具，引导孩子观察这三只小狗为什么不一样，应该怎样排队。

2. 小狗买帽子。
——到了超市，三只小狗就抢着试帽子：最小的狗一戴上大帽子，像钻进了黑洞洞，啥也看不见了；最大的狗一戴上小帽子，才遮住了一只耳朵……小狗们急坏了！
——谁会给小狗挑帽子？妈妈出示教具，请孩子为小狗买帽子。
——引导孩子知道并说出："最大的帽子卖给最大的狗"；"大帽子卖给大狗"；"最小的帽子卖给小狗。"

3. 为小狗买东西。
——超市里还有什么？
——妈妈做售货员，让孩子帮助添置围巾、棉衣。
——妈妈观察孩子能否正确排序，能否运用语言表达排序结果。
——将买来的围巾、棉衣送给小狗，并向三只小狗道别。

注意事项：1. 家长注意借助游戏化的情景，引导孩子获得有关按物体大小匹配、排序的经验，鼓励孩子用语言表达排序的结果。2. 在游戏过程中，家长和孩子可适时变换角色，当孩子做售货员时，家长可变换提问方式，如"最大的狗应该买什么样的帽子"（大帽子）。

教学反馈：〇　　△　　□
强化活动指导：

活动领域	感知刺激	社会行为	认知发展	语言发展
活动编号				
效果反馈				

（请家长使用下列符号对孩子进行上述活动的结果反馈：〇 = 不能完成　△ = 成人帮助下完成　□ = 能够独立完成）

周次：第 20 周　活动编号：40　活动名称：你长大了吗？　　实施日期：

活动目的：知道自己长大一岁了。
活动准备：1. 孩子穿小了的衣服、鞋子；2. 孩子去年和今年的照片；3. 孩子的绘画和手工作品。
活动过程：1. 有关孩子长大了的谈话，妈妈引导孩子发现自己长大了。
　　　　——妈妈说："又要过春节了，让我们来看看宝宝长大了没有？"妈妈拿出去年的衣服和鞋子给孩子穿上："咦，衣服小了，鞋子也穿不上了！啊，原来是宝宝长大了！"
　　　　——妈妈拿出去年和今年的照片让孩子看一看两张照片中的宝宝有什么不同，引导孩子发现今年比去年长高了，长大了。
　　　　——妈妈拿来孩子的绘画和手工作品说："宝宝真是长大一岁了。宝宝画的画、贴的树叶、还有给小树叶化的妆多漂亮呀！"然后，妈妈引导着孩子说出自己长了什么本领，如：唱歌、跳舞、说儿歌、绕口令、做模仿操等。
　　　　2. 妈妈带领着孩子排节目、布置房间，准备迎新春。
　　　　——妈妈说："要过春节了，开联欢会时宝宝表演一个节目好吗？宝宝来说个《长大一岁了》的儿歌吧。"
　　　　——妈妈和孩子把绘画和手工作品贴出来，使孩子有一种自豪感，体会迎接春节的快乐心情。
注意事项：1. 过节的时候给孩子测量身高并做出记号，以便明年做对比用；2. 排节目和布置房间时给孩子留影，作为谈话时用的资料。
教学反馈：○　△　□
强化活动指导：

活动领域	感知刺激	社会行为	认知发展	语言发展
活动编号				
效果反馈				

（请家长使用下列符号对孩子进行上述活动的结果反馈：○＝不能完成　△＝成人帮助下完成　□＝能够独立完成）

主题名称：亲亲热热的一家

周次：第21周　　活动编号：41　　活动名称：幸福的小鸡一家　　　实施日期：

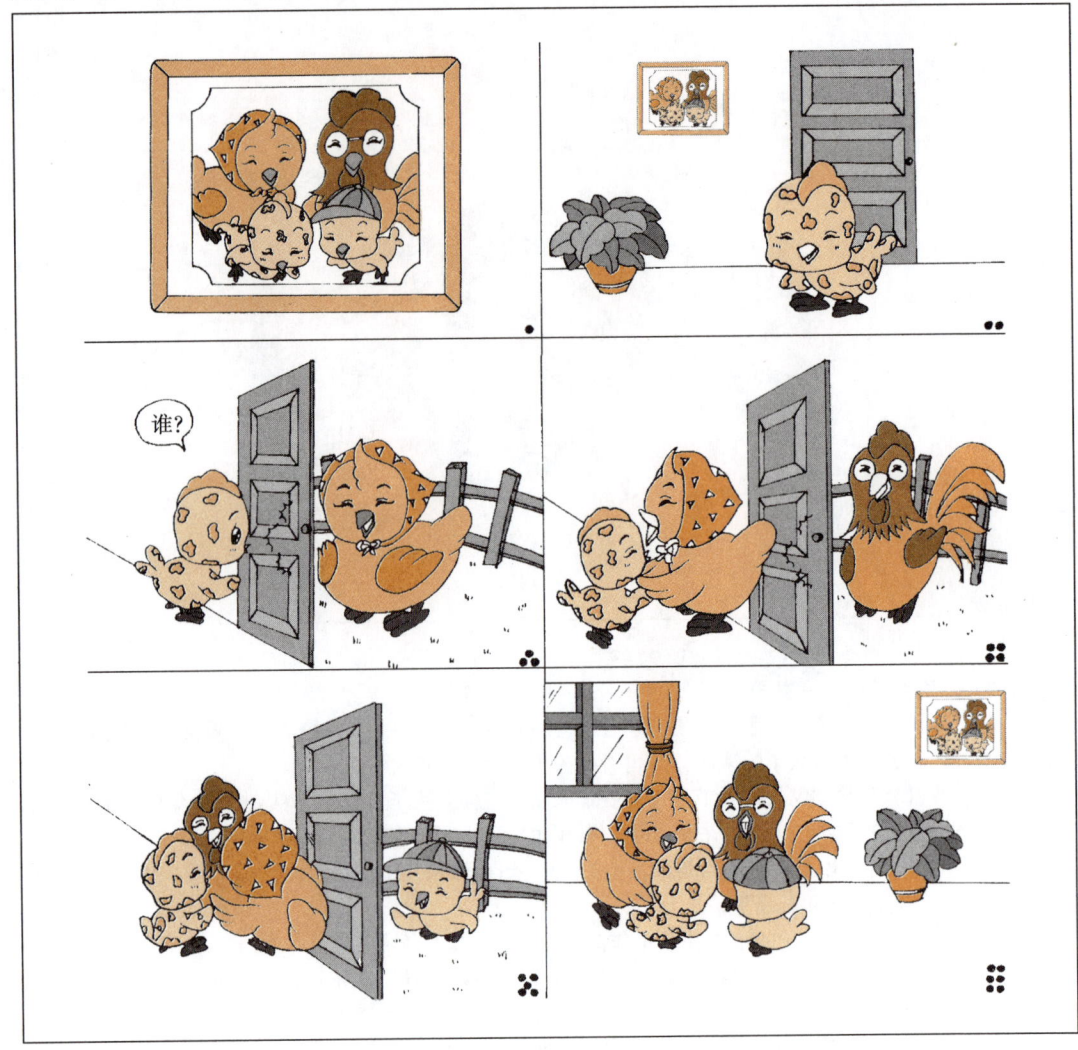

活动目的：1. 继续体验惦念、关爱之情；2. 引导孩子续编儿歌，激发孩子运用多种形式来表达爱家人的情感。

活动准备：1. "幸福的小鸡一家"的图片；2. 角色游戏中所需要的道具：头巾、小帽子、眼镜（空的眼镜架）；3. 家人的照片；4. 装电池的门铃一个。

活动过程：1. 家长给孩子讲故事《幸福的小鸡一家》。
　　　　　——妈妈出示《幸福的小鸡一家》的图片。神秘地对孩子说："我有一个很好听的故事，你要不要听？"爸爸说："我要听！"父母相互配合，带动孩子听故事的兴趣（家长一页一页地给孩子讲读故事）。
　　　　2. 对故事内容进行提问。
　　　　　——指着第一幅图片问："小鸡家都有谁呀？"
　　　　　——指着第二幅图片问："小花鸡在家中，它最想谁呀？"（凭孩子的记忆来回答），妈妈将故事书翻过去，让孩子看着图片用完整句表达："它最想×××。"

——指着第三幅图片问:"是谁在敲门呢?"
——指着第四幅图片问:"鸡妈妈回来了,小花鸡怎么做的?"(小花鸡亲妈妈)
——指着第五幅图片问:"鸡妈妈和鸡爸爸在家,小花鸡最想谁回来呀?"
——指着第六幅图片问:"全家人都回来了,他们在一起做什么了?"

3. 角色游戏。
——角色分配:孩子扮演小花鸡,爸爸扮演鸡爸爸和鸡弟弟,妈妈扮演鸡妈妈。爸爸说:"有一天,家里只剩下小花鸡,它最想谁来敲门?"鸡妈妈在房门外(敲门或按响电动门铃),"叮咚、叮咚"。爸爸引导孩子询问:"是谁呀?"鸡妈妈说:"咯咯嗒。"孩子大声地说:"是鸡妈妈回来了。"鼓励孩子说"妈妈我想你",并用动作表示对妈妈的想念(如:亲、抱等)。妈妈和孩子继续就故事内容表演下去(同上面的形式)。

4. 编故事。
——妈妈启发孩子说:"妈妈、爸爸都在家里,宝宝还想谁呀?"(让孩子思考)爸爸可以提示:"我知道宝宝最喜欢爷爷,一定想爷爷了吧?"(妈妈拿出爷爷的相片来替代)孩子说出:"妈妈爸爸在家,总想爷爷来敲门!""爷爷来了!"鼓励孩子对着爷爷的相片表示亲情。
——以同样的方式让孩子说出"奶奶、姥姥、姥爷"等亲人,并用不同的方式对他们表示亲情。

注意事项:1. 成人在提问时,要给孩子留思考的时间,当确认孩子不理解时方才提示;2. 给孩子模仿家长说话的时间;3. 家长带动孩子用身体动作来表达亲昵之情,引发孩子的创意之举;4. 进行角色游戏时,家长要投入地表演(注意说话声调、语速),尽量做到惟妙惟肖。

附故事: 幸 福 的 小 鸡 一 家

小花鸡在家,总想妈妈来敲门。"叮咚叮咚",妈妈回来了,妈妈回来了。小花鸡和妈妈在家,总想爸爸来敲门,"叮咚叮咚",爸爸回来了,爸爸回来了。小花鸡和妈妈、爸爸在家,总想弟弟来敲门,"叮咚叮咚",弟弟回来了,弟弟回来了。我们全家在家,哈哈哈,亲亲热热在一起。

教学反馈:○　△　□
强化活动指导:

活动领域	感知刺激	社会行为	认知发展	语言发展
活动编号				
效果反馈				

(请家长使用下列符号对孩子进行上述活动的结果反馈:○ = 不能完成　△ = 成人帮助下完成　□ = 能够独立完成)

周次：第 21 周　　活动编号：42　　活动名称：猜猜妈妈喜欢啥？　　实施日期：

活动目的：1. 在成人的引导下，让孩子融入为妈妈准备"生日宴会"的忙碌中，培养孩子乐意为家人做事的情感；2. 家长反复使用儿歌中的语言，使孩子进一步理解儿歌内容并乐于说儿歌；3. 理解并会回答问话：猜猜妈妈喜欢什么？

活动准备：1. 音乐带《祝你生日快乐》（以没有歌词的音乐为好）；2. 生日蛋糕、蜡烛及各种蔬菜（土豆、黄瓜、西红柿等）和海鲜（虾、鱼等）。

活动过程：1. 为妈妈的生日购物。

——引导语："宝宝猜一猜，今天是谁的生日？"爸爸说："今天是妈妈的生日！宝宝和爸爸来给妈妈过生日，好不好？"爸爸和孩子提着篮子去购物。

——先来到蛋糕店，爸爸说："先给妈妈买什么？"让孩子自己说出来，家长再给予补充："对！先给妈妈买生日蛋糕！"

——再到菜市场。爸爸问孩子："妈妈爱吃什么蔬菜呀？"（让孩子回忆）爸爸买土豆、黄瓜、西红柿、鱼、黄瓜、虾和汤料等。

——和爸爸一起为妈妈准备生日宴席。爸爸说："宝宝把手洗一洗，和爸爸一起去厨房给妈妈做饭！"让孩子回答："好吧！"

——孩子学习洗菜，为生拌菜放佐料（糖、醋、盐等），爸爸做切和炒的工作。

——让孩子拿餐具（碗、筷、盘子等）。爸爸问："妈妈过生日，宝宝和爸爸一起给妈妈做了什么？"（等待孩子看着桌子上的食物，逐一指点说出）爸爸又问："宝宝猜一猜，妈妈喜欢吃什么？"爸爸可以提示："我猜，妈妈喜欢吃×××、×××、×××。宝宝猜呢？"（鼓励孩子说出来）爸爸说："我们看谁猜的对？"

2. 妈妈回来了，给妈妈过生日。

——听音乐"生日歌"大家一起拍手唱歌曲《祝妈妈生日快乐》。（吹蜡烛、切蛋糕）

——品尝饭菜。妈妈说："这么多好吃的菜呀！是谁做的?"鼓励孩子说："是宝宝和爸爸做的。"爸爸提示孩子问："妈妈喜欢吃什么？"妈妈说："妈妈都爱吃！"

——复习儿歌："妈妈过生日，我和爸爸忙。先来一盘虾，再烧一碗汤。我把手洗洗，也来下厨房。爸爸切黄瓜，味道特别香。"

——和孩子一起为儿歌改词。例：重点句子改成"先来一盘鱼，再烧一碗汤"，"爸爸切西红柿，我来放白糖"，"妈妈尝一口，这个拌西红柿，味道特别香"等等。

附歌曲：　　　　　　　祝　妈　妈　生　日　快　乐

$1=G\frac{3}{4}$

5 5 6 5 | 1 7 | 5 5 6 5 | 2 1 | 5 5 5 3 |

祝 妈妈 生 日 快乐,祝 妈妈 生 日 快乐,祝 妈妈 生 日

1 7 | 6 - | 4 4 3 1 | 2 1 ‖

快 乐呀, 祝妈妈 生 日 快 乐！

注意事项：1. 在爸爸和孩子为妈妈生日忙碌的过程中，妈妈不要露面。家长事先商量好露面的时间，或带孩子给妈妈打电话，让妈妈回家。2. 当见到丰盛的生日宴席时，妈妈要表现出惊喜的样子，并做出喜悦的举动，如：抱着孩子和爸爸亲一亲，并说："谢谢宝宝，谢谢爸爸！"3. 改编儿歌时，家长可以以接话的形式，增添孩子创编儿歌的兴趣，如：家长说到主要段落时，只说前几个字："先来×××"，后面的主要词语留给孩子来填："再烧×××"、"爸爸切×××，我放×××"等。

教学反馈：○　　△　　□

强化活动指导：

活动领域	感知刺激	社会行为	认知发展	语言发展
活动编号				
效果反馈				

（请家长使用下列符号对孩子进行上述活动的结果反馈：○ = 不能完成　△ = 成人帮助下完成　□ = 能够独立完成）

周次：第22周　活动编号：43　活动名称：我喜欢爸爸的×××　实施日期：

活动目的：1. 利用家庭环境，继续让孩子熟悉爸爸的衣饰和用品；2. 了解多种颜色，鼓励孩子挑选自己喜爱的颜色，为爸爸的衣饰和用品的图片涂色；3. 体验和爸爸一起游戏的快乐；4. 在家长的引导下，会使用"我喜欢爸爸的×××"句式。

活动准备：1. 衣柜中有爸爸的西服、眼镜、书包、鞋子、领带（一拉得的领带为好）等等；2. 一张"爸爸"的填充画，一盒彩笔或油画棒；3. 白纸若干张。

活动过程：1. 我帮爸爸穿×××。

——让孩子找爸爸的衣饰。妈妈引导说："宝宝，喜欢爸爸吗？那宝宝帮爸爸找一找他自己的东西，好吗？""我看宝宝认不认识爸爸的东西？"（让孩子听指令去行动）妈妈说："宝宝说一说，爸爸有什么呀？"（让孩子用"有×××，有×××，还有×××"回答）

——帮爸爸穿戴。妈妈说："宝宝帮助爸爸穿上××，戴上×××。"（妈妈和孩子一起动手打扮爸爸）孩子说："给爸爸穿×××，给爸爸戴×××。"（爸爸不停地说："谢谢×××。"）

——鼓励孩子将爸爸推到镜子前，让爸爸照镜子。妈妈说："宝宝，快让爸爸去照镜子！"

2. 给"爸爸"的画像涂色。

——妈妈出示"爸爸"的填充画给孩子，说："宝宝给喜欢的爸爸涂上漂亮的颜色吧。"在孩子涂画时，保持安静，给孩子宽松的创作空间（让孩子涂色部分：头发、衣服及领带；填画部分：眼镜等）。
——画完后，提问孩子："爸爸的领带真漂亮，上面都有什么颜色？"还可以让孩子描述他画的爸爸（如：爸爸穿着×××色的衣服）。
3. 和爸爸比一比。
——让孩子和爸爸比一比，谁的手大，谁的脚大，谁的个子高，谁的胳膊（腿）长。可以采取把各自的手、脚放在白纸上，比较着画出来的方式来让孩子感知。
——爸爸举着孩子和妈妈玩游戏"妈妈，够不着"（可以自行设计游戏内容）。爸爸将孩子高高举起，不让妈妈抢到孩子手里的气球。通过游戏让孩子感知爸爸个子高，自己被爸爸举起，可以变得更高。
4. 和孩子谈论爸爸。
——妈妈问孩子："宝宝喜欢爸爸吗？""宝宝喜欢爸爸的什么？"如果孩子没有回答这个问题，妈妈可以提示："爸爸把宝宝举高高时，宝宝开心吗？"鼓励孩子说出："我喜欢爸爸的大手，可以把宝宝举得很高。"妈妈继续提问孩子："你还喜欢爸爸的什么？"（引发孩子思考）
5. 欣赏散文诗。
——妈妈说散文诗［见《咿呀学语教学指南（第二册）》43号活动所附散文诗］，边说边让爸爸带孩子配合诗词做相应的动作，让孩子在动作中理解散文诗。

注意事项：1. 活动中，家长要及时地给予孩子语言的回馈，鼓励孩子说出更多的语言；2. 活动中，家长给孩子创作的空间，鼓励孩子个性化的想法和语言；3. 家长鼓励孩子在活动中产生自发性语言，应随着孩子的思维，继续延伸话题；4. 家长应根据孩子爸爸的自身特点来画像。

教学反馈：○　　△　　□

强化活动指导：

活动领域	感知刺激	社会行为	认知发展	语言发展
活动编号				
效果反馈				

（请家长使用下列符号对孩子进行上述活动的结果反馈：○＝不能完成　△＝成人帮助下完成　□＝能够独立完成）

周次：第22周　　活动编号：44　　活动名称：给妈妈画像　　　　实施日期：

活动目的：1. 继续欣赏故事《唧唧找妈妈》，进一步理解故事内容；2. 结合故事让孩子运用听觉进行三项记忆任务，提高听辨能力；3. 在家长设计的情景中，培养孩子用语言表述的欲望和组织语言的能力。

活动准备：1. 一张公园背景图（门口有四位穿着不同服装的女士）；2. 两张画纸（大小同A4纸）；3. 一个画夹子（注：根据家中条件所限，也可以用硬纸板代替）；4. 画笔（油画棒、水彩笔、彩色铅笔各放一盒，便于孩子任意选择）；5. 一张大白纸（大于画纸，如A3纸）；6. 一只胶棒；7. 剪好的彩色小纸片若干张。

活动过程：1. 欣赏故事《唧唧找妈妈》。
　　　　　——妈妈说："宝宝，今天老师给你讲了什么故事？"妈妈把故事图片拿在手中，看孩子能否说出故事大意。
　　　　　妈妈说："妈妈再把这个故事讲给宝宝和爸爸听一遍，好吗？"（等待孩子回答）
　　　　　——妈妈开始看图讲故事。
　　　　2. 对故事简单提问。
　　　　　——"唧唧把妈妈弄丢了，唧唧去找谁了？"（即使孩子没有说出，只是指了指"警察叔叔"，也要表扬肯定他）

——"假山前的那个人是唧唧的妈妈吗?""水池边穿西服的阿姨是唧唧的妈妈吗?""短头发的阿姨是唧唧的妈妈吗?""唧唧找到妈妈了吗?在哪里找到的?"

3. 看图辨认唧唧的妈妈。

——妈妈出示准备好的图片,说:"爸爸说,我来听!"(示意爸爸按照故事的内容描述唧唧妈妈的样子:背着书包,穿着长裙子,头发长长的、香香的、软软的、有点卷,会轻轻地和唧唧说话)

——四位阿姨分别为:穿西服梳短发,没有背书包的阿姨;穿西服梳长发,背书包的阿姨;穿裙子梳长发,没有背书包的阿姨;穿裙子梳长发,背书包的阿姨。妈妈故意辨认错,让孩子来纠正。爸爸问:"宝宝告诉我,哪个是唧唧的妈妈?"给孩子时间来描述唧唧妈妈的样子。

4. 谈论"宝宝的妈妈",给妈妈画像。

(妈妈提前打扮一下,突出女性特点的装扮:涂口红、戴项链、穿裙子、穿高跟鞋等,易于孩子观察到)

——孩子描述,爸爸来给妈妈画像。爸爸说:"我们来给妈妈画一张像吧!""宝宝说一说妈妈的样子,我来画,好吗?"(注:爸爸按照孩子说的来画,当孩子说的不全面的时候,爸爸也会画的不全面,孩子看出问题后,达到自我完善语言的目的)

——三个人一起欣赏妈妈的画像。(可以变换形式:爸爸描述,孩子来画像)

5. 作品展示。

——具体方法:拿一张涂上胶水的大白纸,在上面撒上彩色纸块,在画像后面也涂上胶水,贴在大白纸上,即可完成。将妈妈的画像挂在孩子喜欢的地方。

注意事项:1. 爸爸描述妈妈样子时,运用形象的语言来描述,语速适中;2. 在回答问题时,家长不要为了纠正不正确的发音和语法来轻易打断孩子的思维,家长要静静地聆听,待确认孩子表达完毕,再给予肯定和补充;3. 本活动的重点在"给妈妈画像"的环节,课前两位家长要做好配合,使活动顺利进行。

教学反馈:○　△　□

强化活动指导:

活动领域	感知刺激	社会行为	认知发展	语言发展
活动编号				
效果反馈				

(请家长使用下列符号对孩子进行上述活动的结果反馈:○ = 不能完成　△ = 成人帮助下完成　□ = 能够独立完成)

周次：第 23 周　活动编号：45　活动名称：说说最喜欢的家庭物品　实施日期：

活动目的：1. 进一步了解爸爸、妈妈的喜好，能够说出句子"我的爸爸、妈妈喜欢×××"；2. 在活动中学习如何表达自己的心愿。

活动准备：1. 家长以图画的形式记录下来自己爱吃的食物；2. 以照片的形式展示出家长在家中喜欢做的事情。

活动过程：1. 给爸爸（妈妈）画像。

——妈妈说："宝宝给妈妈画一张像吧！"（给宝宝提供纸和彩笔）妈妈观看孩子的杰作并问："宝宝喜欢妈妈吗？你喜欢妈妈的什么地方呢？"（给孩子思考的时间）让孩子说出："我喜欢妈妈的×××。"

——爸爸说："你也给爸爸画张像吧！"画完后，鼓励孩子说出："我喜欢爸爸的×××。"

2. 家长给宝宝画像。

——妈妈说："我们也给宝宝画一张像吧！宝宝坐好，不要动哟！"（培养宝宝控制自己的能力）家长用画笔突出表现孩子的特点，如：胖胖的脸颊、小小的酒窝、可爱的笑脸等。

——画完让孩子欣赏。家长描述孩子的特点："妈妈喜欢宝宝的×××。"妈妈问爸爸："你喜欢宝宝的什么呀？"爸爸说："我喜欢宝宝的×××。"（注：不要和妈妈说的重复）可以更深入一些，如"爸爸喜欢宝宝的小嘴，因为她特别有礼貌"，"爸爸喜欢宝宝的小耳朵，能认真听爸爸、妈妈的话"。

——妈妈考查孩子的听话能力，问孩子："爸爸说喜欢宝宝什么呀？"（只要将爸爸大致意思说出来就可以）

3. 爸爸、妈妈喜欢什么。

——妈妈问孩子："宝宝知道，爸爸喜欢吃什么吗？"（让孩子回忆），当孩子回答不全时，鼓励孩子问问爸爸："爸爸，你喜欢吃什么呀？"爸爸说："我喜欢吃×××、×××、还喜欢吃×××。"（向孩子出示自己画的食物）以同样的方法，来问出妈妈爱吃的东西。

——妈妈问孩子："宝宝知道，爸爸最喜欢做的事吗？"可以拿出相片来提示孩子。（如：看书）鼓励孩子向爸爸提问。让孩子问妈妈："妈妈喜欢做什么事？"家长提问孩子喜欢做

什么事？家长倾听孩子的心愿，并且答应陪孩子一起玩。（如：孩子喜欢搭积木，爸爸和妈妈就陪他一起搭积木等）

注意事项：1. 在日常生活中，提示孩子寻找合适的场合，多使用句式："××喜欢吃××／××喜欢/做××"来说话；2. 给孩子创造机会，学习关心爸爸妈妈。例如：爸爸看书时，让孩子给爸爸递眼镜；妈妈择菜时，让孩子给妈妈搬椅子等。

教学反馈：○　　△　　□

强化活动指导：

活动领域	感知刺激	社会行为	认知发展	语言发展
活动编号				
效果反馈				

（请家长使用下列符号对孩子进行上述活动的结果反馈：○＝不能完成　△＝成人帮助下完成　□＝能够独立完成）

周次：第 23 周　　活动编号：46　　活动名称：他们吵架了，宝宝怎么办？　　实施日期：

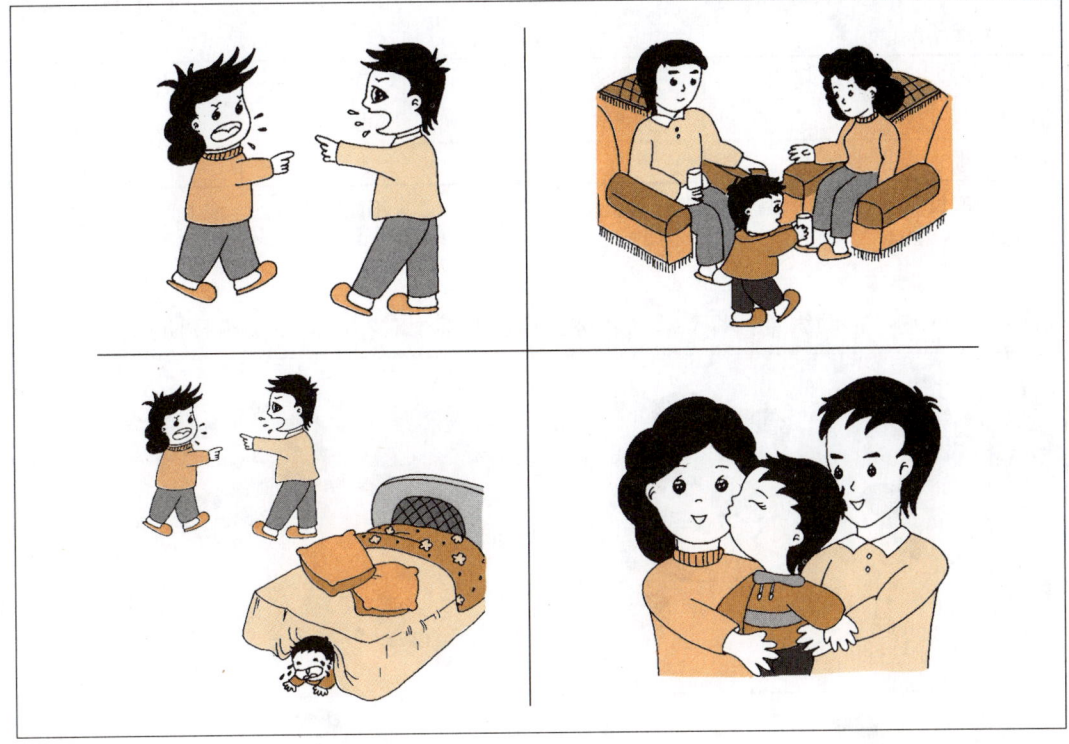

活动目的：1. 通过故事《不要吵架了》再次讲述，让孩子更好地理解故事内容；2. 通过对故事的提问，引发孩子的思考。

活动准备：1. 故事《不要吵架了》的图片；2. "劝架"的图片。

活动过程：1. 讲故事《不要吵架》。
——妈妈开始讲给孩子听。
——妈妈对孩子进行提问："妈妈和爸爸怎么了？"当孩子回答完后，给孩子的语言补充完整。爸爸提问："妈妈生气了，是什么样？"（可以提示孩子观察"妈妈"的头发）爸爸问："妈妈像什么？"妈妈问："爸爸生气了，是什么样？""爸爸像什么？"妈妈问："宝

宝是怎么做的?""妈妈、爸爸还吵架吗?""宝宝不哭了,紧紧搂着谁?(让孩子看图之后回答)

2. 宝宝想办法。

——妈妈指着图问:"当爸爸、妈妈吵架的时候,这个宝宝是怎么做的?"(宝宝害怕了,藏起来)妈妈又问:"当爸爸、妈妈吵架的时候,你会怎么做呢?"(让孩子思考,鼓励孩子表达出自己的想法)

——家长可出示第一幅"宝宝劝架"的图片提示,爸爸说:"这个宝宝看到爸爸、妈妈吵架后,没有害怕,他给爸爸、妈妈端来水说:'爸爸、妈妈别吵了!'"妈妈说:"这个宝宝可真聪明!""我的宝宝(拍拍自己的孩子)也很聪明!"妈妈说:"请我的宝宝也来想一个办法。"(让孩子思考,鼓励孩子表达出自己的想法)

——妈妈出示第二幅"宝宝吵架"的图片让孩子看,爸爸问:"这个宝宝的爸爸、妈妈吵架了,他是怎么做的?"让孩子看图后回答。妈妈说:"请我的宝宝也来想一个办法。"(让孩子思考,鼓励孩子表达出自己的想法)如:做个鬼脸给爸爸、妈妈看;或讲一个爸爸妈妈都喜欢的笑话;说一个爸爸妈妈都喜欢的人物等等。

注意事项:先让孩子理解此故事的内涵,这是形成劝架方法的基础。

教学反馈:○　　△　　□

强化活动指导:

活动领域	感知刺激	社会行为	认知发展	语言发展
活动编号				
效果反馈				

（请家长使用下列符号对孩子进行上述活动的结果反馈：○＝不能完成　△＝成人帮助下完成　□＝能够独立完成）

周次：第24周　　活动编号：47　　活动名称：谁对？谁不对？　　实施日期：

活动目的：1. 家长为孩子创设游戏氛围，体验一家人共同游戏的快乐；2. 通过图片的提示，让孩子分辨谁对，谁不对？来发展孩子大胆地表述能力。

活动准备：1. 亲子游戏所需的物品（如：皱纹纸）；2. 图片（正确的和错误的）；3. 各种小动物和各种小娃娃（若干）。

活动过程：1. 亲子游戏。

——回到家中可以继续进行幼儿园中玩过的游戏"揪尾巴"（爸爸背着孩子，孩子的后腰上系着一条皱纹纸做的"尾巴"，妈妈揪孩子的"尾巴"；如果妈妈揪到了"尾巴"，则改成爸爸背着孩子揪妈妈的"尾巴"），游戏在孩子意犹未尽的时候结束。

2. 和宝宝对话。

——妈妈问孩子："你喜欢妈妈吗？"又问："你喜欢爸爸？"妈妈问："宝宝想一想，你最喜欢妈妈什么？"让孩子想一想后回答："我喜欢妈妈给我买的×××。"爸爸也问同一个问题："我喜欢爸爸和我玩×××。"妈妈说："宝宝说一句，我们最爱听的话。"鼓励孩子用"我爱×××"或"我喜欢×××"来表达。

3. 和孩子一起看图片，开展讨论。

——看第一幅图，妈妈给孩子讲解图意（幼儿园里，妹妹向小朋友介绍自己的爸爸和妈妈）妈妈问孩子："你能像妹妹一样，把你的妈妈和爸爸介绍给小朋友吗？"要求孩子说出大致内容：介绍自己的名字，介绍自己的妈妈、爸爸的名字，以及他们和自己的关系。家长提示孩子："宝宝再说说，你最喜欢妈妈什么？"家长为孩子的勇气热烈鼓掌（家长操纵桌面上的玩具小动物和小朋友一起给宝宝鼓掌）。

——看第二幅图，妈妈让孩子独自看图（家长不予提示）用自己的话说出来，妈妈待孩子说完后，补充讲解图意："幼儿园里，小朋友不敢在大家面前介绍自己的妈妈和爸爸。"又问："你喜欢他吗？他这样做对吗？"

——看第三幅图，妈妈问："小朋友和妈妈、爸爸在干什么？"（给宝宝回答时间）"他们在玩什么游戏？"（让孩子用自己的话说出）爸爸问："你最喜欢和妈妈、爸爸玩什么游戏？"（可以给宝宝提示：他曾经玩过的游戏名称）

——看第四幅图，妈妈说："宝宝讲一讲，这个小朋友在干什么？他玩游戏了吗？为什么不玩呢？"爸爸提示："这个小朋友不喜欢在幼儿园里和大家一起玩游戏。"

4. 看图比较"谁对？谁不对？"

——妈妈说："宝宝告诉我，你喜欢谁？"问："宝宝说说，为什么喜欢他？"（爸爸可以做提示和补充）"宝宝不喜欢谁？告诉我为什么不喜欢？"（让孩子说出，爸爸做提示和补充）

注意事项：1. 玩亲子游戏时，家长随孩子的兴趣任意选择游戏。（也可以连续玩两个不同的亲子游戏，使孩子的兴趣点达到较高的状态）2. 让孩子分辨"谁对？谁不对？"的图片时，爸爸一定要等孩子说完后，再给予必要的补充。

教学反馈：○　　△　　□

强化活动指导：

活动领域	感知刺激	社会行为	认知发展	语言发展
活动编号				
效果反馈				

（请家长使用下列符号对孩子进行上述活动的结果反馈：○ = 不能完成　△ = 成人帮助下完成　□ = 能够独立完成）

周次：第24周　　活动编号：48　　活动名称：小小家园设计师　　实施日期：

活动目的：1. 让孩子继续体会学习用自然的声音演唱歌曲；2. 通过歌曲表演的方式，使孩子再次体验一家人亲亲热热在一起的幸福感。
活动准备：油性水笔两支（一支黑色，一支红色）。
活动过程：1. 家长和孩子一起歌曲表演。
　　　　　——妈妈引导孩子回忆故事《是谁在敲门》。妈妈问："宝宝还记得《是谁在敲门》的故事吗？"（给孩子回答的时间）妈妈说："你大声地给我们讲一遍故事，好吗？"（爸爸可以拿故事书，给孩子提示）家长认真聆听孩子的讲述。
　　　　　——全家歌曲表演。
　　　（1）妈妈说："我们来一边唱歌一边表演吧！"爸爸说："好！我和宝宝先唱！"（唱词："我和爸爸在家里，总想妈妈来敲门，叮咚叮咚。"妈妈回来了唱到最后一句时，妈妈跑到孩子与爸爸的中间来）注意在念白的地方，家长鼓励孩子大声地说出来或喊出来。家长给孩子时间让孩子尽情表达幸福情绪，如：欢呼、拥抱、亲吻等等，家长也要给孩子同样的反馈。
　　　（2）孩子和妈妈一起表演歌曲的第二段（方式同上）。
　　　（3）孩子和妈妈、爸爸在一起，相互抱得紧紧的，共同演唱歌曲的第三段。
　　　（4）大家一起拍手鼓掌，祝贺歌表演成功！家长可以多给孩子机会，让孩子发挥表演才能。鼓励孩子安排角色，例：让爸爸先和自己在一起，将妈妈拉到门外。（注：唱到叮咚叮咚时，家长可以在外面按动门铃！）
　　　　2. 家长和宝宝用手指来唱歌。
　　　　　——用食指来表演，妈妈说："宝宝，我们用手指来唱歌，好吗？"妈妈拿出彩笔，在自己食指上画一个"妈妈"，在宝宝的食指上画宝宝，在爸爸食指上画爸爸（表演的方式同上）。

注：可以变换角色，让宝宝扮演妈妈（或爸爸），让妈妈（或爸爸）扮演宝宝，需要重新在食指上，画上相应的形象。

——用食指、中指、无名指来表演。在这三个指头上分别画上宝宝、爸爸和妈妈，然后根据歌词，让应该出现的"人物"出现，不应该出现的"人物"弯曲在手心中。爸爸先来做示范，妈妈和孩子一起给爸爸助唱，观看爸爸的表演。（轮流表演）

——用五个手指或更多的手指参与歌曲表演。

妈妈启发孩子："我们家里还有什么人呀？"（引发孩子说出姥姥、姥爷、奶奶、爷爷等亲人）鼓励孩子用彩笔在其他手指头上描画他们的头像。然后一边演唱歌曲，一边伸出相应的指头。（唱到最后"亲亲热热在一起"时，将所有指头攥在手心里）

注意事项：1. 家长将曲调唱准唱好，给孩子做出正确的示范；2. 不要求孩子唱准曲调，只要参与了就给孩子鼓励，树立孩子参加歌曲表演的自信心；3. 根据孩子对歌曲表演的兴趣，可增加歌曲表演的次数，家长要以极高的兴致参与；4. 孩子在手指上绘画时，家长积极认可孩子的创作；5. 除了在手指上绘画外，还可以选择其他的方法，如：在纸上画好人物，再将其贴在相应的手指上等。

教学反馈：○　　△　　□

强化活动指导：

活动领域	感知刺激	社会行为	认知发展	语言发展
活动编号				
效果反馈				

（请家长使用下列符号对孩子进行上述活动的结果反馈：○＝不能完成　△＝成人帮助下完成　□＝能够独立完成）

周次：第25周　活动编号：49　活动名称：什么变绿了？　　　实施日期：

活动目的：1. 在家长的陪伴下，继续让孩子感知春季明显的特征；2. 学习初步观察，家长和孩子用画笔记录观察的结果；3. 尝试用语言描述春季的明显特征。
活动准备：1. 画纸和彩笔（油画棒、彩笔或水粉颜料）；2. 用纸盒子制作成的电视机1台。
活动过程：1. 户外活动，一家人去观察春天。

——家长用自己的好奇心来激发孩子对春天景象探究的欲望。语言引导："春天来了，从地底下钻出来的是什么？"（仔细观察小草）"春天来了，柳树爷爷变成什么样儿了？"（摸柳树、抱柳树、够树叶）"春天来了，什么小动物出来玩了？"（引导孩子在地上、天上、大树上、小草里找）"春天来了，美丽的小花在哪里？"（带领孩子去寻找花）"春天来了，什么变绿了？"（让孩子独立表达，家长补充）

——和孩子一起享受草地游戏的快乐。语言引导："看我们三个人，谁能最先跑到前面那一片大草地上？"（家长还可以和孩子比赛看谁爬得快，看谁最先滚到终点等）

——和孩子一起享受"够柳条游戏"的快乐。家长和孩子比赛看谁能用手够到柳条，让孩子想怎么能够到柳条？

——我们"变绿了"，引导孩子观察游戏之后说出自己身体上"为什么变绿了"，语言引导："身上、脚上、衣服上都怎么了？"（引导说出：×××变绿了）"宝宝想一想，怎么会变绿的？"（表达重点：小草、大树都是绿色的）

2. 室内活动，带孩子画春天。

——家长用语言启发孩子创作。"今天，宝宝看到了什么？""宝宝看到的花是什么颜色的？""宝宝看到什么是绿色的？""请你用笔画出来"。（家长将各种画笔提供出来，再准备一小盒调好的"绿色的水粉颜色"供选择，家长与孩子一起绘画）

——家长朗诵儿歌，让孩子一边欣赏儿歌，一边绘画。

——评价作品。

（1）孩子描述。语言引导："噢，这个春天真美丽，宝宝给大家讲一讲你画的春天吧！"

（2）家长描述春天。

3. "我是小小播音员"。

——出示"电视机"（用纸盒制作的），将绘画作品贴在"电视机的屏幕"上，孩子充当电视播音员，再一次描述《春天》。可以先请刚刚和孩子一起绘画的家长来做播音员，对着电视屏幕讲解，给孩子做个示范之后，再让孩子来讲。语言引导："现在，我请宝宝当电视播音员，给观众们讲《春天》。"

注意事项：1. 外出找春天时，家长选择一个不大的公园为适宜（因为孩子年龄小，面积太大的公园，容易使孩子产生疲惫之感，影响活动效果）；2. 外出找春天时，选择简洁、轻便的服装，使运动不受限制；3. 在欣赏绘画作品时，不刻意强求图画的准确，以孩子描述的为准，树立孩子创作的信心。

教学反馈：○　△　□
强化活动指导：

活动领域	感知刺激	社会行为	认知发展	语言发展
活动编号				
效果反馈				

（请家长使用下列符号对孩子进行上述活动的结果反馈：○＝不能完成　△＝成人帮助下完成　□＝能够独立完成）

周次：第25周　活动编号：50　活动名称：听辨：桃花姐姐在哪里？　实施日期：

活动目的：1. 和家人继续感知春季的明显特征；2. 经过孩子进一步的观察，运用听觉来分辨植物——桃花；3. 用语言描述桃花的典型特征。

活动准备：1. 拾桃花的小篮子（2个）；2. 各种花形的印章（可用各种花形的橡皮替代）及粉红、深红、浅粉等颜料；3. 粉色皱纹纸。

活动过程：1. 户外活动：寻找桃花姐姐。

——家长陪同孩子一起去捡落在地上的桃花，语言引导："桃花姐姐在哪里呢？宝宝还记得桃花姐姐的样子吗？"（家长描述桃花：桃花姐姐穿着粉红色的裙子，有五个花瓣，也有许多层花瓣的，闻一闻很香。）家长提问："桃花姐姐是什么颜色的？""桃花姐姐有几个花瓣？""桃花姐姐身上有什么味道？"

——家长再捡起落在地上的其他种类的花，例如：玉兰花、紫罗兰花，还有迎春花等。

2. 室内活动：辨认"桃花姐姐"。

——让孩子从各种花中分辨出桃花。语言引导："宝宝找一找桃花姐姐"；"请宝宝找一找闻起来香香的，有五个花瓣的花"；"请宝宝找一找粉色的花"；"请宝宝找一找有五个花瓣的粉色的花"。

——语言引导："桃花姐姐被风吹散了，只剩下一片一片的花瓣了，宝宝把花瓣拼成桃花吧。"让孩子将桃花瓣拼组成桃花。

——家长带孩子数桃花的花瓣，并描述桃花的样子。

3. 印章画：桃花。

——家长事先画好一棵桃树，让孩子用印章蘸颜料，在桃树上印桃花。语言提示："宝宝看到的桃树姐姐是什么颜色的？"（让孩子从准备的浅粉、粉红、深红的颜料中选择）

——将孩子的作品展示在醒目的地方。

4. 和"桃花姐姐"比美。

——家长用皱纹纸给孩子打扮成"桃花姐姐"：粉色的头饰、粉色的手环、粉色的裙子、粉色的脚环等等，身上喷些香水。
　　——让孩子和桃花姐姐照像，鼓励孩子和桃花姐姐对话，家长可以为孩子做示范："桃花姐姐，你好！""我是×××，我来看你了！""桃花姐姐身上很香，你闻我香不香？""桃花姐姐很漂亮，你看我漂亮吗？"
　　5. 看冲洗后的相片，再来描述。
注意事项：家长引导孩子不要摘花，所以最好是在刮过风之后去捡花。
教学反馈：○　　△　　□
强化活动指导：

活动领域	感知刺激	社会行为	认知发展	语言发展
活动编号				
效果反馈				

　　（请家长使用下列符号对孩子进行上述活动的结果反馈：○ = 不能完成　△ = 成人帮助下完成　□ = 能够独立完成）

周次：第26周　　活动编号：51　　活动名称：花园的花朵真美丽　　实施日期：

活动目的：1. 让孩子在家长的陪伴下，再次欣赏花园的美丽，引发孩子热爱植物的情感；2. 在游戏中，辨认颜色，完成填充作品，并用"××爱××"或"××不摘××"等语句来抒发自己爱护花草的情感。
活动准备：1. 水彩笔或油画棒以及水粉颜色（粉色、红色、黄色、桔黄色等）及棉签；2. 一张事先画好的填充画（内容：花园中开着各种形状的花以及涂好颜色的小草）。
活动过程：1. 到花园去。
　　——欣赏花。家长语言引导："这里的花多不多？""这里是什么地方？""花都有什么颜色的？""你喜欢哪种颜色的花？""闻一闻，哪种花有香味？""宝宝，喜欢这里吗？"
　　——爱护花的教育。家长带孩子观察被掐掉的花留下的痕迹，语言引导："花呢？""花掉了吗?""你想一想,花去哪里了?"家长问:"小花离开了大家,它高兴吗?"家长用小花的口吻说:"花园是我的家,我的朋友很多,我们在一起很快乐。有的小朋友喜欢我,就把我摘下来,带回了家。我很不高兴,我想和花朋友在一起。"

2. 关于《小花的话》,以提问的方式来复习。

——家长问:"花园是谁的家?小花的朋友多吗?谁把小花摘下来?小花高兴吗?小花想和谁在一起?和朋友在一起,小花快乐吗?"

——制作一个"小花的家"(为花涂色)。家长给孩子发指令,让孩子按照指令拿相应颜色的画笔给花涂色。例如:"拿红色的笔,给圆形的花涂色","拿桔黄色的笔,给三角形的花涂颜色","给这朵花涂上粉色"。还可以教孩子变换其他涂色方式(用棉签蘸着水粉来给花涂色)。

3. 引发孩子对花草的热爱之情。

——家长引导:"宝宝画的是谁的家?""小花的家在什么地方?"(花园)"宝宝爱护小花吗?"家长引导:"孩子大声地对小花说一句话"(小花,我爱你们!)家长问:"摘花的小朋友好不好?宝宝该怎么做?"(引发孩子说出:"我不摘花。")

注意事项:1. 鼓励孩子模仿听到的指令;2. 语言提示孩子的涂色技巧,对涂出边界的地方,不予指责;3. 父母应配合好,激发孩子的参与意识,坚持正面强化。

教学反馈:○　　△　　□

强化活动指导:

活动领域	感知刺激	社会行为	认知发展	语言发展
活动编号				
效果反馈				

(请家长使用下列符号对孩子进行上述活动的结果反馈:○ = 不能完成　△ = 成人帮助下完成　□ = 能够独立完成)

周次:第26周　活动编号:52　活动名称:复习儿歌:《迎春花》　实施日期:

活动目的：1. 继续了解春天的明显特征，感受春天的美；2. 学习认识迎春花，在游戏中掌握儿歌，并乐于学说。

活动准备：1. 皱纹纸（黄色）；2. 事先绘制好迎春花的花枝；3. 胶棒。

活动过程：1. 户外活动：寻找"迎春花宝宝"。
——家长语言提示："春天来了，哪种花是最先开的？"（家长带孩子去寻找）家长引导孩子观察迎春花，提问："迎春花是什么颜色？闻一闻，它有什么味道？"
——孩子收集掉落的迎春花。
——复习儿歌。家长引导孩子说："我们说那首《迎春花》的儿歌吧！"一位家长先说第一句儿歌："迎春花，好宝宝，春天来了醒得早。"引发孩子说儿歌的热情（另一位家长可跟说，为孩子做个示范），家长一句接一句地说下去，孩子也一句接一句地模仿下去。

2. 粘贴："迎春花宝宝"。
——家长做示范，把已剪好的皱纹纸揉成团儿，粘在迎春花的花枝上，家长引导："一个迎春花宝宝粘好了，宝宝来接着粘吧！"（在家长引导下，孩子来粘贴）
——复习儿歌。家长先有感情地背诵一遍儿歌，再引发孩子背诵儿歌的兴趣。
——作品展示。家长引导："噢，宝宝的迎春花真美丽！"贴在孩子喜欢的地方。家长引导孩子再次看着作品说儿歌。

3. 有韵律地说儿歌。
——拍手说儿歌。

附节奏：

迎 春 花

× × | × × | × × | × |
迎春 花　好 宝宝，春天 来了，醒得 早。
× × | × × | × × | × × |
醒得 早，吹 铜号，嘀嘀 嗒嗒，真 热闹。
　　　　　　　　　　　　　　　　　
什么 号，起床 号，谁也 不许 睡 懒觉。
× × | × × | × × | × ‖
桃花 杏花 听见 了，眨眨 眼，都醒 了！

注："×"代表拍手，同时说出下面对应的字。

——家长示范给孩子看，孩子来模仿接说儿歌。家长说第一句，孩子接说第二句，家长再说第三句，以此反复。改变说儿歌的顺序，由孩子先说。

注意事项：1. 在孩子和家长模仿儿歌内容时，先不刻意纠正不正确的发音，待都说完后，单独拿出来纠正发音，注意"ao"的发音（早、宝宝、闹、号、觉）；2. 家长注意示范给孩子看，让孩子明白游戏规则。

教学反馈：○　△　□
强化活动指导：

活动领域	感知刺激	社会行为	认知发展	语言发展
活动编号				
效果反馈				

（请家长使用下列符号对孩子进行上述活动的结果反馈：○ = 不能完成　△ = 成人帮助下完成　□ = 能够独立完成）

周次：第 27 周　活动编号：53　活动名称：手指谣　实施日期：

活动目的：1. 在活动中继续认识人类的手，引发孩子对手的自豪感；2. 通过一家人玩印手掌、手指印的游戏，引起孩子探究手指秘密的愿望；3. 引领孩子进一步理解故事内容。

活动准备：1. 纸、印泥、胶带纸或橡皮膏、绳子；2. 蚕豆、可乐瓶、空塑料瓶和瓶盖；3. 玩具：小猫、小狗、小兔子等以及相应的图片。

活动过程：1. 游戏："看谁的小手最灵巧"。

——激发孩子参与游戏的热情。家长语言引导："今天，我们家来了几位小客人？"（出示小猫、小狗和小兔）继续引导："宝宝和小动物玩个游戏'看谁的小手最灵巧'！"（引导孩子观察动物的手）家长引导："宝宝想和哪个小动物，先来比一比？"（孩子自己选择喜欢的小动物）

——说明游戏规则。其中一位家长扮演这个小动物，家长语言提示："我的手和×××（小动物）不一样，请宝宝想个办法，让我们的手变成一样，好吗？"（让孩子自己想办法，或借助集体课上教师的方法）家长为孩子提供胶带纸、绳子及橡皮膏等物件。另一位家长引导："请×××小动物和宝宝一起比赛捡蚕豆吧！"（相同多的蚕豆放入可乐瓶中，看谁捡得最快）

——评判游戏结果。家长引导："谁的小手最灵巧呀？""宝宝知道为什么吗？"（引导孩子分析原因：我们有大拇指，所以我们的小手很灵巧，而小动物呢？）

——交换角色。家长引导："宝宝和××（另一位家长）再来比赛"，"宝宝扮演一个小动物吧，你想演谁呀？"（让孩子自己选择，然后给孩子贴上相应的动物胸饰，帮助孩子绑上大拇指）家长平均分给比赛双方三个空瓶子和相对应的盖子，语言引导："看谁的小手最灵巧，先把盖子都盖好。"在评判游戏结果时，同样提示孩子回答"谁的小手最灵巧"。

2. 印手印。

——先对比手掌印。家长语言引导："和我一起印手掌印吧！"提问："哪个是宝宝的手掌印？

哪个是妈妈的手印？哪个是爸爸的手印？"（引导孩子仔细观察不同：大小不同、纹路不同）
——再对比手指印。（方法同前。注：可以印 5 个手指或 10 个手指印，引导孩子观察自己手指印和家长手指印不同，爸爸和妈妈的手指印也不同，家长在纸上对应写上各自的名字。）
3. 故事。
——家长引导："我们的手，有这么多小秘密呀？""宝宝，还记得老师讲的故事吗？""它叫什么名字？"
——家长再次给孩子讲这个故事。
——对故事进行简单提问："晚上，谁进入别人家偷东西？""警察叔叔在抽屉上发现了小偷的什么？""谁把小偷抓住了？"

注意事项：1. 家长多给孩子提供选择的机会，如：让孩子选择和哪个小动物比赛等；2. 通过交换角色，便于孩子转换角度来思考事物；3. 家长提供孩子更多的操作游戏（比赛"谁的手更灵活"）；4. 家长可以加入印脚印的环节（要将一个人的手印和脚印印在同一张纸上）；5. 家长可以让孩子进行手印如何留在其他物品上的尝试（例：按了印泥的手去拿杯子等）。

教学反馈：○　△　□
强化活动指导：

活动领域	感知刺激	社会行为	认知发展	语言发展
活动编号				
效果反馈				

（请家长使用下列符号对孩子进行上述活动的结果反馈：○＝不能完成　△＝成人帮助下完成　□＝能够独立完成）

周次：第 27 周　活动编号：54　活动名称：手演故事：骄傲的孔雀　实施日期：

活动目的：1. 乐意用手进行创造性的表现；2. 鼓励孩子大胆地想象，感受用手表演故事的乐趣；3. 鼓励孩子用语言表达自己的感受。

活动准备：1. 故事《骄傲的孔雀》的图片；2. 用硬纸盒制作的"电视机"一台。

活动过程：1. 家长请孩子猜一猜。

——家长用手来表演一个小动物或一个情节，引导孩子猜猜是什么。家长一只手的食指，做弯曲状问孩子："宝宝，猜一猜这是什么？"（另一位家长可以和孩子一同猜）例：可以猜成小羊、小虫、蚯蚓、海马等。

——家长双手表演，左手五指并拢平行于桌面，右手拇指、食指和中指聚拢，不停地触碰左手掌心，请孩子说一说这是什么。可以猜成小鸡在吃米或猜成小鸟在喝水等等。

2. 宝宝请家长猜一猜。

——孩子模仿家长的形式，做出和家长不一样的手指动作，要求孩子说出："你猜这是什么？"（家长可以发展自己的想象力，说出许多种可能）

3. 故事《骄傲的孔雀》。

——小小表演家。家长语言引导："宝宝小手真灵活，真是天才表演家，现在妈妈讲一个故事，看宝宝和爸爸谁能把我讲的故事表演出来！"妈妈出示故事《骄傲的孔雀》的图片，并进行讲解。

——变换表演形式。家长再讲一遍故事，让孩子独立表演一遍；（给予孩子口头鼓励）家长再讲第三遍故事，让爸爸来表演一遍（注意：爸爸要有与孩子表现手法不同的创意）。

——小小播音员。家长请孩子来讲故事，妈妈来当小小表演家。家长事先制作一个"电视机"（用硬纸盒制作），荧光屏上按顺序将故事图片贴好（讲完一张，摘下一张），家长引导："这个故事上电视了，宝宝当'小播音员'给我们讲一遍故事，妈妈来当表演家，好吗？"孩子开始看着图片一张一张地讲解。

注意事项：1. 家长要鼓励孩子不同的猜想；2. 家长富于想象、创造，用手（单手、双手）来表演自己创意的动作；3. 家长讲故事时要绘声绘色；4. 孩子看图讲故事有表达不流畅时，另一位家长给予孩子正确的示范。

附故事：

骄 傲 的 孔 雀

在大森林里住着一只漂亮的孔雀，它特别喜欢照镜子，总对自己说："森林里，属我长得最美！"

一天，小兔子来到森林里找朋友，看见孔雀在大摇大摆地散步，于是，小兔子跳过去，说："孔雀姐姐，我们做好朋友吧！"孔雀低着头说："小兔子，你长得那么小，我才不和你做朋友呢！"小兔子听了难过地走了。

有一只小牛也来到森林里找朋友，看见孔雀在大摇大摆地散步，于是，小牛走过去，说："孔雀姐姐，我们做好朋友吧！"孔雀伸长了脖子说："小牛，你说话的声音太大了，我才不和你做朋友呢！"小牛听了，难过地走了。

森林里的小动物都说："孔雀姐姐太骄傲了！"他们都不喜欢孔雀了。

骄傲的孔雀没有一个好朋友。

教学反馈：○　△　□

强化活动指导：

活动领域	感知刺激	社会行为	认知发展	语言发展
活动编号				
效果反馈				

（请家长使用下列符号对孩子进行上述活动的结果反馈：○＝不能完成　△＝成人帮助下完成　□＝能够独立完成）

周次：第28周　　活动编号：55　　活动名称：请谁来帮忙？　　　　实施日期：

活动目的：1. 认识并尝试使用一些常见的工具；2. 在情景中，增强运用这些工具来解决问题的能力；
　　　　　3. 乐意表达自己的操作过程。

活动准备：1. 儿童用工具：案板、剪刀、汤匙、西餐刀；2. 由矿泉水瓶制作的：小鸡、小兔（可以喂入食物的动物）；3. 小白菜、西瓜、小草（均为实物）。

活动过程：1. 喂小鸡吃草。
　　　　　——出示由矿泉水瓶制成的"小鸡"（制作要点：小鸡的嘴要留一小点儿），能引起孩子的注意。
　　　　　——家长语言引导："小鸡饿了，快来想想办法吧！"家长提供几种食品供孩子选择：小白菜、蛋糕、西瓜、小草。家长提问："小鸡爱吃什么？"引导孩子动脑筋："这么大的菜，小鸡吃得了吗？为什么？"继续引导："宝宝快想办法，把白菜变小！"
　　　　　——家长启发孩子会运用工具（刀和案板）来让白菜变小（将白菜切碎，切成小块后，喂小鸡吃菜）。
　　　　　——家长引发孩子回忆上述过程。家长问："小鸡饿了，想吃什么？""太大的白菜，小鸡能吃吗？""怎么让白菜变小呀？""用什么工具？""宝宝怎么喂小鸡吃饭的？"
　　　　　2. 喂妈妈、爸爸吃西瓜。
　　　　　——出示一个大西瓜，语言引导："妈妈爸爸口渴了，很想吃西瓜！""宝宝想办法喂妈妈、爸爸吃西瓜吧！"
　　　　　——家长提问孩子："你用什么把西瓜切开？""宝宝怎么喂我们吃西瓜？"（可以选择拿汤匙吃、也可以把西瓜切成一瓣一瓣的，拿给家长吃）
　　　　　——家长鼓励孩子描述此过程。

3. 喂小兔吃草。

——出示小草（长的比较长的小草），问："你知道谁爱吃小草吗？"孩子会猜出很多小动物，家长肯定孩子合理的表述。
——出示由矿泉水瓶子制作的小兔，家长说："今天，宝宝来喂小兔子吃草！"家长问："小兔能吃这么长的小草吗？""宝宝想一想，用什么工具把小草变短？"（用剪刀剪短）让孩子尝试将小草变短的方法，提问："宝宝很聪明，怎么使小草变短的？"让孩子描述自己的操作过程。
——让孩子喂小兔吃草。

注意事项：1. 让孩子体验工具给予我们的方便；2. 家长不要怕弄脏孩子的衣服（如切西瓜的时候会有汁液），孩子只有在操作感知中才会获得直接经验；3. 互换角色，亲自品尝别人的劳动成果，如：孩子扮演小兔子，等待家长把大萝卜变小后，喂他吃饭。

教学反馈：○　　△　　□

强化活动指导：

活动领域	感知刺激	社会行为	认知发展	语言发展
活动编号				
效果反馈				

（请家长使用下列符号对孩子进行上述活动的结果反馈：○ = 不能完成　△ = 成人帮助下完成　□ = 能够独立完成）

周次：第28周　活动编号：56　活动名称：儿歌仿编：《小小手》　实施日期：

活动目的：1. 通过复习儿歌《小小手》，进一步体验小手的作用；2. 借助谈话的方式，培养孩子发散性思维；3. 和家长一起，初步仿编儿歌。

活动准备：布置好上课的房间（周围摆放可以玩的玩具和可以做事物的物品）。

活动过程：1. 复习儿歌《小小手》。

——家长说："今天，老师教宝宝一首儿歌，名字叫什么？""宝宝还会说吗？"

——家长带领孩子边做动作边复习儿歌。

2. 关于"手"的谈话。

——家长提示孩子："小手还会做什么事？"（启发孩子思考）家长事先布置好房间，例如：在孩子周围放置了积木（小手可以搭积木），碗和勺（小手会吃饭），琴（小手还会弹琴），纸和笔（小手还会写字、画画），手绢（小手会叠手绢），扫帚（小手会扫地），袜子（小手会穿袜子）等等容易引起孩子联想的事物。

——鼓励孩子借助已有的事物展开联想，如：引发孩子说出"小手可以洗衣服，小手可以倒水，小手会跳舞"等。

3. 仿编儿歌《小小手》。

——家长引导："小手还有那么多的用途，我们也来编个儿歌吧！"家长可以先仿编。家长说："拉拉手，握握手，我们都有一双手。会吃饭，能弹琴，刷牙、洗脸和梳头，写字也要用小手。小小手，小小手，真是我们的好朋友。"

——给孩子机会仿编（家长接受孩子说出的任何和仿编有关系的语言）。鼓励孩子多仿编几首儿歌（哪怕一首儿歌中只有一句是新编的，也要鼓励孩子勇敢的仿编行为）。

注意事项：孩子仿编儿歌时，即便不符合第一首儿歌《小小手》的格式，也要给予鼓励。

附儿歌：　　　　　　　　　　　　小　小　手

　　　　　　　　拍拍手，拉拉手，我们都有一双手。
　　　　　　　　穿衣服，扣纽扣，洗脸、刷牙和梳头，画画也要用小手。
　　　　　　　　小小手，小小手，真是我们的好朋友。

教学反馈：○　　△　　□

强化活动指导：

活动领域	感知刺激	社会行为	认知发展	语言发展
活动编号				
效果反馈				

（请家长使用下列符号对孩子进行上述活动的结果反馈：○＝不能完成　△＝成人帮助下完成　□＝能够独立完成）

周次：第29周　　活动编号：57　　活动名称：孤独的呀呀　　　　　实施日期：

活动目的：1. 体验呀呀孤独和快乐的情绪，知道微笑在交往中的重要；2. 理解故事，能回答有关故事内容的提问。
活动准备：1. 镜子、红帽子或漂亮的头饰；2. 各种颜色的彩色铅笔。
活动过程：1. 妈妈完整地给孩子讲一遍《孤独的呀呀》，并对故事内容进行提问。
　　　　——妈妈出示书上的图，依次指着图给孩子讲故事。
　　　　——指着第一幅图提问："呀呀头上戴着什么？（呀呀头上戴着红帽子）可呀呀板着脸不会笑，呀呀还漂亮吗？"
　　　　——指着第二幅图问："呀呀板着脸找谁呀？咿咿看到呀呀为什么跑呢？"
　　　　——指着第三幅图问："呀呀又去找谁玩了？唧唧看到呀呀为什么躲起来？"
　　　　——指着第四幅图问："呀呀又去找谁了？找到妈妈，对妈妈说什么？妈妈是怎么对呀呀说的？"
　　　　——指着第五幅图问："呀呀笑起来是什么样的？孩子学学呀呀是怎样笑的？"
　　　　——指着第六幅图问："小朋友为什么一起哈哈大笑呢？呀呀还感到孤独吗？小朋友喜欢怎样的呀呀呢？"
　　　2. 照镜子。
　　　　——妈妈给孩子戴上漂亮的红帽子或头饰，然后让孩子看看自己漂不漂亮。
　　　　——请孩子模仿呀呀的表情照镜子，看看孩子喜欢哪一种表情，是板着脸的宝宝漂亮，还是微笑的宝宝漂亮？
　　　　——妈妈告诉孩子，小朋友都喜欢爱笑的宝宝，喜欢和爱笑的宝宝做朋友，宝宝在和小朋友打招呼时，一定要面带微笑。
　　　3. 妈妈不按故事的顺序分别讲述图片内容，然后让孩子指出该图片，给图片涂上颜色。如妈妈讲"呀呀去找唧唧，唧唧一看到板着脸的呀呀就躲了起来，这是哪张图呀？宝宝指

指，然后给唧唧涂上黄颜色。"（以此类推，直至完成剩余图片）
注意事项：平时要多鼓励孩子和小朋友进行友好地交往。

附故事：　　　　　　　　孤　独　的　呀　呀

（根据《不会微笑的小熊》改编）

　　呀呀戴着红帽子，漂亮极了。呀呀每天都昂着头，板着脸，从来没有一点笑。呀呀去找唧唧。一看到板着脸的呀呀，唧唧吓跑了。呀呀去找唧唧。一看到板着脸的呀呀，唧唧躲了起来。呀呀每天孤零零的，谁也不跟他玩。呀呀找到妈妈，难过地问："我是漂亮的呀呀，为什么谁也不跟我玩呀？"妈妈说："你得对别人微笑，因为大家都喜欢和开心的朋友在一起。"呀呀说："我从来没笑过，不知道怎样笑。"妈妈说："你心里想着笑，就会笑。不信，你照着镜子瞧瞧。"呀呀一边想着，一边对着镜子瞧自己。呦！呀呀的眉毛弯弯，嘴角咧开，他笑了起来。妈妈看着从来不会笑的呀呀"哈哈"大笑，也乐得"哈哈哈"大笑起来。小朋友看到呀呀不再板着脸，在那里"哈哈"笑，都过来一起乐，一起笑。"哈哈哈，哈哈哈……"

教学反馈：○　　△　　□
强化活动指导：

活动领域	感知刺激	社会行为	认知发展	语言发展
活动编号				
效果反馈				

（请家长使用下列符号对孩子进行上述活动的结果反馈：○ = 不能完成　△ = 成人帮助下完成　□ = 能够独立完成）

周次：第 29 周　活动编号：58　活动名称：说说小熊的朋友在哪里？　实施日期：

活动目的：1. 会按歌曲节奏表现不同打招呼的动作；2. 会用语言描述打招呼的动作。
活动准备：小熊、小兔、小猫、小狗的头饰。
活动过程：1. 看图说一说，小熊的朋友是谁，他们在怎样和小熊打招呼。
——妈妈指着第一幅图讲："小熊在唱歌，邀请朋友做游戏。"
——妈妈指着第二幅图问："谁是小熊的朋友？""小猫怎样和小熊打招呼？"（启发孩子说出小猫在叉腰、点头和小熊打招呼。）
——妈妈指着第三幅图问："谁是小熊的朋友？""小狗怎样和小熊打招呼？"（启发孩子说出小狗在挥手和小熊打招呼。）
——妈妈指着第四幅图问："还有谁是小熊的朋友？""小兔怎样和小熊打招呼？"（启发孩子说出小兔跳着和小熊打招呼。）

2. 妈妈、爸爸、孩子共同表演《你的朋友在哪里》这首歌（面对面表演）。
——爸爸扮演小熊，唱第1句，边唱边表演动作。

5 6 5 3 3 ｜ 2 1 5 — ｜ 5 6 5 3 3 ｜ 3 1 2 3 5 — ｜
一 二 三 四 五 六 七， 我 的 朋 友 在 哪 里？
（拍手 × × × ×， 双手在胸前交叉拍肩两下，然后双手打开在胸前伸出。）
——妈妈扮演小猫，唱第2句，边唱边表演动作。

5 1 3 — ｜ 5 5 6 3 — ｜ 5 5 6 3 1 ｜ 2 2 3 1 — ‖
在 这 里， 在 这 里， 你 的 朋 友 在 这 里。
（叉腰向左点头一次， 向右点头一次， 重复前面的动作。）
——爸爸再表演第1句，动作同前。
——妈妈带着宝宝表演小狗，唱第2句，边唱边做动作。

5 1 3 — ｜ 5 5 6 3 — ｜ 5 5 6 3 1 ｜ 2 2 3 1 — ‖
在 这 里， 在 这 里， 你 的 朋 友 在 这 里。
（双手向左挥， 双手向右挥， 双手左右各挥两次。）
——爸爸再表演第1句，动作同前。
——妈妈带着宝宝表演小兔，唱第2句，边唱边做动作。

5 1 3 — ｜ 5 5 6 3 — ｜ 5 5 6 3 1 ｜ 2 2 3 1 — ‖
在 这 里， 在 这 里， 你 的 朋 友 在 这 里。
（双手竖起做兔状向左跳一下，再向右跳一下，再随节奏重复前一动作。）

3. 歌表演的游戏可重复一两次。

注意事项：1. 孩子可和爸爸互换角色表演，体验邀请和被邀请的快乐；2. 活动中可请孩子自己创编动作进行表演；3. 对于能力比较强的孩子，家长还可做扩展性练习，比如利用小动物玩具，爸爸拿着小马，唱到："一二三四五六七，我的朋友在哪里？"妈妈让孩子把另一个玩具小动物放在纸盒里或其他地方，带着孩子一起回答："在这里，在这里，小马的朋友在盒里。"然后，可以变换方位或其他玩具，让孩子练习回答。

教学反馈：○　△　□
强化活动指导：

活动领域	感知刺激	社会行为	认知发展	语言发展
活动编号				
效果反馈				

（请家长使用下列符号对孩子进行上述活动的结果反馈：○＝不能完成　△＝成人帮助下完成　□＝能够独立完成）

周次：第30周　活动编号：59　活动名称：说说好朋友会怎样？　实施日期：

活动目的：1. 在理解故事《三个好朋友》的基础上，知道好朋友要互相帮助，分享快乐；2. 会看图判断行为的对与错，并能回答出"为什么"；3. 知道怎样与小朋友友好相处。
活动准备：《咿呀学语活动画册（第二册）》。
活动过程：1. 复习故事《三个好朋友》。
　　　　——妈妈打开《咿呀学语活动画册（第二册）》之《三个好朋友》的书，与孩子一起看图，完整地将故事讲述一遍。
　　　　——结合故事内容进行提问：
　　　　（1）三个好朋友都是谁呀？（小公鸡、小老鼠和小猪）
　　　　（2）三个好朋友到哪儿去玩了？（到池塘边去玩）
　　　　（3）小公鸡站在哪儿了？（船上）张开翅膀好像什么？（好像船帆）
　　　　（4）后来小船怎么了？（破了一个洞）小船会有什么危险？（船会沉，小动物会被淹死的）小猪想了一个什么样的办法堵住了破洞？（小猪一屁股坐下去）小猪聪明吗？（聪明）
　　　　（5）小老鼠在干什么？（用力划船）三个好朋友玩得快乐吗？（快乐）为什么？（因为他们互相帮助）
　　　　（6）三个好朋友去采果子，采完果子他们是怎么吃的？（分着吃）宝宝有好吃的东西给朋友吃吗？（有好吃的要分着吃）
　　　　（7）回到家里，三个好朋友都睡着了，他们都梦见谁了？（梦见了自己的好朋友）
　　　　——妈妈和孩子共同看书，一起再讲述一遍故事。
　　　　2. 妈妈打开《咿呀学语课业手册（第二册）》之《说说好朋友会怎样》的图，请孩子说说谁做得对，谁做得不对，为什么？

——妈妈指着第一幅图问:"小朋友在干什么?""他们做得对不对?"(小朋友在抢玩具,他们做得不对)

——妈妈指着第二幅图问:"这个小朋友怎么了?"(这个小朋友哭了)"他为什么哭呀?"(因为他没有玩具)"小姐姐在干什么?"(小姐姐把自己的玩具送给他玩)"小姐姐做得对吗?"(小姐姐做得对)

——妈妈指着第三幅图问:"这两个小朋友在干什么?"(两个小朋友在看书)"他们俩看几本书呀?"(他们看一本书)"他们有没有抢书?做得对吗?"(他们没有抢书,做得对)

——指着第四幅图问:"这个小朋友在做什么?"(他在帮助别的小朋友扣扣子)"他做得好吗?"(他做得好)"他做得为什么好?"(因为他在帮助别人)

3. 启发孩子说一说,好朋友应该怎样做,不应该怎样做?

——"好朋友在一起时,应该怎样玩?"(互相谦让,有玩具和小朋友一起玩,不能抢)

——"好朋友有困难时怎么办?"(好朋友要互相帮助)

——"宝宝有新玩具时要怎样?"(和大家一起玩)

注意事项:1. 平时家长应注意观察孩子与小朋友的相处,有好的行为出现时要及时鼓励;2. 当孩子还缺乏与别人友好相处的意识时,家长要先给孩子树立榜样(比如带孩子主动和别的小朋友打招呼,拿自己的玩具和别人的玩具交换玩等等),培养孩子良好的社会化行为习惯。

教学反馈:○   △   □

强化活动指导:

活动领域	感知刺激	社会行为	认知发展	语言发展
活动编号				
效果反馈				

(请家长使用下列符号对孩子进行上述活动的结果反馈:○=不能完成   △=成人帮助下完成   □=能够独立完成)

周次:第30周   活动编号:60   活动名称:给妈妈打个电话   实施日期:

活动目的：1. 体验和妈妈倾诉、倾听的乐趣；2. 学习打玩具电话，知道打电话要先拨电话号码；3. 复习、巩固已学过的词汇及句子。

活动准备：1. 玩具电话一对（或用纸折的电话）；2. 几张纸条和笔。

活动过程：1. 妈妈指着书上的图说："宝宝看，图上的小朋友在给妈妈打电话。小朋友在和妈妈说什么呢？"（启发孩子想象小朋友和妈妈说的话）

2. 妈妈拿出玩具电话和孩子玩打电话的游戏。

——妈妈说："宝宝给妈妈打电话，在电话里和妈妈说说心里话，好吗？"

——妈妈告诉孩子，打电话之前要拨电话号码。妈妈的电话号码是1234，宝宝的电话号码是多少？（启发孩子自己想出一个电话号码）

——妈妈示范拨电话号码给宝宝看。电话铃响，妈妈示意孩子接听电话。这时可对宝宝说："我是妈妈，妈妈爱宝宝。"

——请孩子给妈妈拨电话。拨电话时，妈妈提醒孩子要拨对电话号码。电话响，妈妈接听电话，鼓励孩子说自己想说的话，或引导孩子学着重复妈妈的话："我是宝宝，我爱妈妈。"

3. 启发孩子给其他的亲人拨电话（用真电话机通话，注意通话时助听器旋钮要拨到T档）。

——妈妈问孩子："想爸爸（爷爷、奶奶）了吗？给爸爸打个电话好吗？宝宝想对爸爸说什么？"然后，妈妈协助孩子给爸爸（爷爷、奶奶）拨电话。

4. 启发孩子把自己家的电话号码告诉好朋友。

——妈妈问："宝宝想不想和好朋友通电话？好朋友没有宝宝的电话号码怎么办？"

——妈妈和孩子共同把电话号码和孩子的姓名写在纸上，上幼儿园时，把写好的电话号码送给好朋友。

注意事项：1. 家长之间要建立联系，鼓励孩子用电话进行交流；2. 逐渐让孩子记住自家的电话号码，并积累使用电话进行交流的经验。

教学反馈：○　△　□

强化活动指导：

活动领域	感知刺激	社会行为	认知发展	语言发展
活动编号				
效果反馈				

（请家长使用下列符号对孩子进行上述活动的结果反馈：○ = 不能完成　△ = 成人帮助下完成　□ = 能够独立完成）

周次：第31周　　活动编号：61　　活动名称：跟妈妈说个悄悄话　　实施日期：

活动目的：1. 学说悄悄话；2. 继续体验和家人分享秘密的乐趣。
活动准备：1. 将折纸卷成筒状，做成传话筒；2. 玩具娃娃、小熊、小猫等。
活动过程：1. 妈妈和爸爸用传话筒说悄悄话，引起孩子的兴趣。
　　　　　——妈妈拿着传话筒很神秘地和爸爸说悄悄话，爸爸把耳朵靠近传话筒认真地倾听，然后和妈妈笑一笑，表示听懂了。
　　　　2. 妈妈请孩子也来听悄悄话。
　　　　　——妈妈把话筒放在孩子助听补偿效果较好的耳朵一侧，然后妈妈对着话筒说："妈妈爱宝宝。"（或孩子容易听懂的话）妈妈观察孩子的表情，以确定孩子是否听明白了。
　　　　　——让孩子模仿妈妈的样子，也说句悄悄话。妈妈主动地把耳朵放在传话筒上，做出认真听的样子，这时爸爸也要做出非常想听的表情，引发孩子和妈妈说悄悄话的兴趣。
　　　　　——爸爸和孩子说说悄悄话；孩子和爸爸说说悄悄话。
　　　　3. 妈妈出示玩具娃娃，对孩子说："娃娃有个秘密要对宝宝说。"然后，妈妈拿着娃娃，替娃娃使用传话筒对孩子说："娃娃爱宝宝（或叫孩子的名字），宝宝爱娃娃吗？"孩子听到后，把嘴靠近传话筒对娃娃说："我也爱娃娃。"娃娃再问孩子："宝宝爱小朋友、爱老师吗？"妈妈示意孩子听到后再答复娃娃。
　　　　4. 妈妈、爸爸分别扮演小熊和小猫同宝宝说悄悄话，游戏可反复进行。
注意事项：1. 妈妈、爸爸在和孩子说话时，要表现得十分有兴趣；2. 平时，爸爸、妈妈也要和孩子说悄悄话，以增进感情。
教学反馈：○　　△　　□
强化活动指导：

活动领域	感知刺激	社会行为	认知发展	语言发展
活动编号				
效果反馈				

（请家长使用下列符号对孩子进行上述活动的结果反馈：○＝不能完成　△＝成人帮助下完成　□＝能够独立完成）

周次：第31周　活动编号：62　活动名称：和妈妈编一个请求原谅的故事　实施日期：

活动目的：1. 懂得朋友间有了不愉快的事应该相互谅解；2. 知道做错了事要改正，求得大家原谅；3. 尝试创编故事的结尾。

活动准备：小熊、小猫、小鱼的头饰、小钓鱼杆（替代物即可）、小食品。

活动过程：1. 妈妈指着书上的图片给孩子讲《两个好朋友》故事的前半部分。

——妈妈讲完第一、二幅图片提问："小猫和谁是好朋友？"（小猫和小熊是好朋友）"小猫在河边干什么？"（小猫在河边钓鱼）

——妈妈讲完第三、四幅图片提问："小熊跑到河边干什么去了？"（小熊跑到河边往河里扔石头）"小猫要钓到的鱼怎么样了？"（被小熊扔的石头吓跑了）

——妈妈讲完第五幅图片提问："小猫有没有钓到鱼？"（小猫没有钓到鱼）"小猫为什么没有钓到鱼？"（因为小鱼被小熊扔的石头吓跑了）"没有钓到鱼的小猫怎么样了？"（小猫生气了，哭了，不理小熊回家了）

2. 请孩子创编故事的后半部分——小熊看到小猫生气了，怎么办？

——启发孩子想一想，小熊怎样做，才能让小猫不生气了呢？结合孩子平时的生活经验，来谈一谈，做错了事要怎样做才能求得原谅呢？（如：赔礼道歉、说对不起、把自己的玩具借给小朋友玩、当小朋友有困难时要真诚地给予帮助等等）

3. 妈妈通过提问引导孩子创编故事：小熊对小猫说了什么？小猫是怎么做的？小熊又拿什么给小猫？小猫有没有理小熊？后来小熊怎样做，小猫终于原谅了小熊。

4. 孩子创编故事，妈妈要及时给予鼓励并和孩子一起表演故事。

——妈妈扮演小猫，孩子扮演小熊，爸爸既当观众又扮演小鱼。如果孩子高兴，可互换角色再表演。

注意事项：在活动时要让孩子体会到做错了事要及时改正，并用行动来求得他人的谅解，同时也要意识到朋友间要互相体谅。

附故事：

两 个 好 朋 友

小猫和小熊是一对好朋友。一天小猫来到河边钓鱼，等了半天也没有一条鱼上钩。这时有一条鱼从远处游来，小猫高兴极了。小鱼刚要上钩，小熊突然跑来向河里扔了块石子，小鱼被小熊扔的石子吓跑了。小猫一看，真是气坏了。小猫哭了起来，拿着鱼杆回家去了。

创编参考：

小熊看到小猫生气了，就到小猫家去向小猫道歉："小猫，对不起，我不该向河里扔石子。"小猫还是不理小熊。小熊又拿来好吃的蜂蜜给小猫，小猫生气地说："不吃，不吃。"小熊想出了一个好主意，对小猫说："小猫，你别生气了，我们一起去钓鱼吧。"小猫一听小熊要和他一起钓鱼，就说："好吧，我原谅你了，我们钓鱼去。"后来呀，小猫和小熊钓了好多好多的鱼。

教学反馈：○　△　□

强化活动指导：

活动领域	感知刺激	社会行为	认知发展	语言发展
活动编号				
效果反馈				

（请家长使用下列符号对孩子进行上述活动的结果反馈：○＝不能完成　△＝成人帮助下完成　□＝能够独立完成）

周次：第32周　活动编号：63　活动名称：猜一猜：妞妞的礼物　实施日期：

活动目的：1. 能够通过家长的描述猜出妞妞的生日礼物；2. 能用完整的一句话来回答问题。
活动准备：铅笔1支。
活动过程：1. 妈妈和孩子谈论有关妞妞过生日的话题。
——妞妞过生日，宝宝送给妞妞什么生日礼物了？
——宝宝送给妞妞生日礼物时是怎样对妞妞说的？
——还有谁参加了妞妞的生日聚会？
2. 妈妈出示书上的图对孩子说：
——妞妞过生日，咿咿、呀呀、唧唧和嗒嗒送给妞妞生日礼物，有玩具大公鸡、小白兔、小汽车和小飞机，可是妞妞不知道谁送的是什么礼物，请宝宝帮助妞妞猜猜好吗？
——妈妈说谜语，让孩子猜，猜对了就指导孩子在图上用线条把对应的人和物连起来。
（1）示意孩子仔细听："咿咿送给妞妞的礼物是：红红的眼睛，白的毛，长长的耳朵，短尾巴，身披一件大白袄，走起路来蹦蹦跳。宝宝猜猜，咿咿送的是什么礼物？"（小白兔）孩子猜对了，妈妈让孩子拿笔把咿咿和小白兔用线连起来。
（2）妈妈再说："呀呀送的礼物是，叮铃铃，叮铃铃，一头说话，一头听，两人不见面，说话听得清。"（电话）
（3）妈妈说："唧唧送的礼物是，头戴大红帽，身披五彩衣，清晨喔喔啼，催人早早起。"（大公鸡）
（4）妈妈说："嗒嗒送的礼物是，小小房子四只脚，载客拉物真正好，大街小巷到处跑，笛笛、笛笛、呜……。"（汽车）
3. 妈妈指着连好线的图，让孩子用完整的语句来说说，小朋友送给妞妞的礼物：
——咿咿送给妞妞什么礼物了？（咿咿送给妞妞一只小白兔）
——呀呀送给妞妞什么礼物了？（呀呀送给妞妞一台电话机）
——唧唧送给妞妞什么礼物了？（唧唧送给妞妞一只大公鸡）
——嗒嗒送给妞妞什么礼物了？（嗒嗒送给妞妞一辆汽车）
4. 妈妈和孩子谈论他过生日时的情景，回忆一下他收到什么礼物了。
注意事项：每天妈妈、爸爸都可以和孩子谈论一个话题，激发孩子交谈的兴趣，逐渐提高其交谈水平。
教学反馈：〇　　△　　□
强化活动指导：

活动领域	感知刺激	社会行为	认知发展	语言发展
活动编号				
效果反馈				

　　（请家长使用下列符号对孩子进行上述活动的结果反馈：〇＝不能完成　△＝成人帮助下完成　□＝能够独立完成）

周次：第 32 周　　活动编号：64　　活动名称：电话购物　　　　实施日期：

活动目的：1. 继续练习用打电话的形式与人交谈；2. 继续学说完整句。
活动准备：1. 玩具电话 2 部（或替代物）；2. 孩子用的图书、玩具、文具、衣物若干；3. 创设一个电话购物的小环境；4. 纸币替代物。
活动过程：1. 引出电话购物的话题。
　　　　——妈妈问孩子："妈妈平时都去什么地方买东西？"（商店、超市）"如果妈妈不去商店、超市买东西，还可以怎样买东西？"（孩子回答不上来）
　　　　——妈妈打开书，让孩子看看书上的妈妈是怎样买东西的？（妈妈启发孩子说出，可以用电话买东西）
　　　　2. 妈妈和孩子玩电话购物的游戏。
　　　　——首先，妈妈和孩子一起创设电话购物的环境，把准备的物品都摆放好。
　　　　——然后，妈妈、爸爸示范如何打电话购物（妈妈打电话购物，爸爸接听电话、当售货员）：
　　　　　　（1）妈妈说："喂，您好！"
　　　　　　（2）爸爸说："喂，您好。我是电话购物中心，请问您想买什么？"
　　　　　　（3）妈妈说："我想买××。"
　　　　　　（4）爸爸说："好的，马上把××给您送去。"
　　　　　　（5）爸爸拿着妈妈买的东西送到妈妈处。妈妈付给爸爸钱，并说："谢谢！"
　　　　——妈妈、爸爸引导着孩子参与电话购物的游戏。妈妈指导孩子如何打电话购物，启发孩子说完整句"喂,您好!我想买××。"
3. 孩子和爸爸共同扮演售货员的角色,学着爸爸的样子卖东西,由爸爸来指导孩子如何接听电话和对话。
4. 游戏可反复玩几次。

注意事项:1. 此活动的重点是通过电话购物的形式来让孩子学习如何通过电话与人交流;2. 在现实生活中,让孩子真正参与一次电话购物,积累生活经验。

教学反馈:○ △ □

强化活动指导:

活动领域	感知刺激	社会行为	认知发展	语言发展
活动编号				
效果反馈				

(请家长使用下列符号对孩子进行上述活动的结果反馈:○ = 不能完成 △ = 成人帮助下完成 □ = 能够独立完成)

周次:第 33 周　活动编号:65　活动名称:夏天可以做什么?　实施日期:

活动目的：1. 家长引领孩子初步感知夏天；2. 了解夏天的具体特征，能从已知的图片中寻找夏天的图片，会用句子"夏天可以做×××"来表述夏天的主要活动。

活动准备：1. 一幅夏天的图片（主要内容：游泳、吃西瓜、吃冰棍、粘知了等）；2. 小鸟卡片一张。

活动过程：1. 户外活动：找夏天。

——家长带领孩子在接近中午的时侯，到户外找夏天。家长引导语："小鸟（手拿小鸟的卡片）说'夏天来了'，我们和小鸟去外面找夏天吧！"

——首先感受夏天的太阳。带孩子在太阳下站立1分钟，体验夏天的热滋味，互相摸一摸裸露在外的皮肤（通过家长的提问让孩子用语言表述）；家长提问："夏天来了，宝宝告诉我，天气怎样呀？"孩子可以答："夏天的太阳很热。"家长问："宝宝，再找一找，还有哪里是热的？"例如：摸一摸或坐一坐太阳照射过的地面，摸一摸停在太阳下的汽车等。

——让孩子说一说："哪里出汗了？"

——寻找夏天凉快的地方（树荫等），家长语言引导："我们找一个凉快的地方。"和孩子比一比看谁找到的凉快地方最多，并且说出"我又找到一个凉快的地方"等。

——倾听知了的歌唱。家长语言引导："听！这是什么声音？"或问"是谁在唱歌？"让孩子听并模仿知了的叫声。家长提问："知了在哪里唱歌？"（在高高的大树上唱歌）

2. 宝宝去买东西。

——家长带孩子去买吃的东西。家长提问："宝宝最想吃什么？"（引出对冷饮的向往）询问孩子吃冰棍的感受。

——家长引发孩子对夏天的水果——西瓜的向往。家长提问："我渴了，很想吃西瓜，你想吃吗？"（和孩子一起把西瓜买回来）

——和家长一同吃西瓜，并展开与西瓜有关的提问："夏天你最爱吃的水果是什么？""西瓜是什么味道的？你喜欢吃吗？"等等。

3. 出示一幅夏天的图画。

——让孩子听着提问观察图片："夏天的天气这么热，小朋友可以做什么？"要求孩子用句子"夏天可以做×××"来表述。例："夏天可以游泳"，"夏天可以吃西瓜"，"夏天可以吃冰棍"，"夏天可以粘知了"等等。

4. 感知夏天的活动。

——家长带孩子去粘知了，让孩子观察知了的样子，放在耳边听听知了的叫声。

——家长带孩子去游泳（准备：游泳衣、游泳裤、游泳圈、游泳帽、游泳镜），尽情体验游泳带给人的快乐。

注意事项：1. 这个主题注重孩子的亲身体验，多在实践感知中引发孩子的思考；2. 家长可以用相机记录夏天的活动过程（孩子游泳的场面，与家长粘知了的场面，以及吃冰棍、扇扇子、吃西瓜等生活场面）相片冲洗出来后，让孩子给家长讲述"夏天的故事"，还可以提示孩子把相片带到幼儿园，和老师、小朋友共同分享自己的经历。

教学反馈：○　　△　　□

强化活动指导：

活动领域	感知刺激	社会行为	认知发展	语言发展
活动编号				
效果反馈				

（请家长使用下列符号对孩子进行上述活动的结果反馈：○＝不能完成　△＝成人帮助下完成　□＝能够独立完成）

周次：第33周　活动编号：66　活动名称：比一比：看谁粘的知了多？　实施日期：

活动目的：1. 初步认识知了的特征（外形特征、叫声）以及它的栖息处等；2. 在游戏中，进一步熟悉粘贴知了的技能，培养孩子竞赛意识；3. 复习儿歌，口齿清楚地朗诵儿歌。

活动准备：1. 折好的"知了"若干；2. 胶棒及填充画两张。

活动过程：1. 进行有关知了的谈话。
　　——家长提问："夏天的歌唱家是谁呀？""知了怎么叫呀？""知了的家在哪里？""你看到过知了吗？""为什么没有看到过？"（因为知了总在高高的地方）"夏天来了，知了为什么唱歌？"（因为夏天天气太热，知了才唱歌）
　　——家长给孩子提供向自己提问题的时间。

2. 粘知了。
　　——家长出示已折好的知了和填充画，引起孩子操作的兴趣。指导语："夏天，这些大树上有许多知了在唱歌"，"请宝宝把它们（知了）都粘在大树上"。家长教孩子具体的粘贴方法（将知了翻过来，在背面涂上点胶水，并粘在大树上）。
　　——游戏"比一比，看谁粘的知了多"。家长发给孩子和另一位家长同样多的知了，孩子和家长听指令在填充画上粘知了，妈妈看时间。
　　——评比结果。家长引导："宝宝，看一看，谁粘的知了多？"先让孩子通过目测估算出多与少，再让孩子实际点数。
　　——将作品贴在孩子喜欢的地方。

3. 启发孩子对知了缺点的认识。
　　——通过谈话进行，家长语言引导："你喜欢知了吗？""说说为什么喜欢它？"或"说说为什么不喜欢它？"家长对孩子说："我不喜欢知了？"（引起孩子思考）继续说："它有个缺点就是记性不太好！"（将儿歌中主要内容讲给孩子听）家长说："妈妈不喜欢记性不好的宝宝。"（举一个发生在孩子自己身上的令他记忆深刻的例子来帮助孩子理解说知了不好的原因）

4. 和家长一起说儿歌《不懂事的知了》

>知了知了，你别叫，
>
>妈妈刚睡觉。
>
>知了点点头，
>
>"知了，知了，知道了"。
>
>知了真不好，
>
>刚说又忘了，
>
>还在吱吱叫。

注意事项：1. 在粘贴知了时，给孩子知了的数量，最好和他能够点数的能力相吻合；2. "比赛谁粘的知了多"这个游戏时，家长可以用闹钟定时的方法，增加孩子对时间概念的理解，使游戏具有竞赛性，吸引孩子积极参与。

教学反馈：○　　△　　□

强化活动指导：

活动领域	感知刺激	社会行为	认知发展	语言发展
活动编号				
效果反馈				

（请家长使用下列符号对孩子进行上述活动的结果反馈：○ = 不能完成　△ = 成人帮助下完成　□ = 能够独立完成）

周次：第34周　活动编号：67　活动名称：看图说话：什么东西热乎乎？　实施日期：

活动目的：1. 在实践中，诱发孩子对"什么东西最热"的猜测；2. 从生活中寻找热乎乎的东西引发孩子探索的欲望；3. 回答并说出："×××东西热乎乎！"

活动准备：1. 生活中热乎乎物品的图画（上面同时也画有冰冰凉的物品）；2. 太阳镜或遮阳纸（彩色透明糖纸也可以）。

活动过程：1. 到户外寻找热乎乎的东西。

——找太阳。家长带孩子到室外找太阳，家长提问："宝宝，太阳在哪里？"家长出示太阳镜或遮阳纸，说："来，宝宝戴上它就可以看到太阳了！"

——感受太阳带来的炎热。家长提问："宝宝，热不热？""宝宝出汗了吗？哪里出汗了？""为什么会出汗？"（让孩子初步推理，太阳晒得热乎乎的所以出汗的道理）

——让孩子寻找："什么东西热乎乎？"通过孩子亲自探索得出：太阳热乎乎，地面热乎乎，宝宝的身上热乎乎，房子热乎乎，自行车热乎乎，大汽车热乎乎，路灯热乎乎，大铁门热乎乎，外面的滑梯热乎乎等等。让孩子自己去探索发现更多热乎乎的物品，提示孩子用身体的各种部位（胳膊、屁股、后背）去感知。例如：让孩子坐一坐地面、滑一滑滑梯、靠一靠汽车等。

2. 室内寻找热乎乎的东西。

——家长提示："宝宝找一找，我们家里什么东西是热乎乎的？"（逐一发现做饭的火是热乎乎的；刚刚做好的饭、菜、汤是热乎乎；烧热的水是热乎乎，洗澡的水是热乎乎的等）

3. 看图说话："什么东西热乎乎？"

——家长出示一幅热乎乎的物品的图画（上面罗列着孩子在户外和室内所发现的所有热乎乎的东西）以及与之相反的冰冰凉的物品（冰棍、冰淇淋等）。

——家长让孩子看图说话"什么东西热乎乎"。

家长提问："宝宝看（出示图画）你来说一说，什么东西是热乎乎的？"要求孩子用句式"×××是热乎乎的"来表述。（家长在一旁鼓励孩子大胆、自信地表述行为）

注意事项：安全教育：在认识火时，家长要告诉孩子火是很危险的，不能靠近它；对刚做熟的饭、菜、汤以及烧好的水也要远离。

教学反馈：○　　△　　□

强化活动指导：

活动领域	感知刺激	社会行为	认知发展	语言发展
活动编号				
效果反馈				

（请家长使用下列符号对孩子进行上述活动的结果反馈：○ = 不能完成　△ = 成人帮助下完成　□ = 能够独立完成）

周次：第34周　　活动编号：68　　活动名称：仿编故事：《礼物不见了》　实施日期：

活动目的：1. 和孩子在生活中观察冰块的融化过程；2. 在理解故事《礼物不见了》的基础上，结合孩子的亲身经历，来仿编故事；3. 和孩子一起续编或改变故事部分情节或内容。
活动准备：仿编故事的图片。
活动过程：1. 送给妈妈一份礼物。
　　　　——爸爸和孩子谈论"妈妈很辛苦"的主题，引发孩子送给妈妈礼物的行为。爸爸说："妈妈很辛苦，你能说一说妈妈为宝宝都做过什么吗？"（引发孩子发散性思维：妈妈给宝宝做饭、洗衣服、洗澡等）爸爸引导："妈妈为宝宝做了这么多的事情，宝宝怎么感谢妈妈呀？"
　　　　——爸爸给孩子机会。让孩子自己做主选择，而后爸爸和孩子一起实施"感谢妈妈"的计划。如果孩子没能想出主意，爸爸可以提一些建议："给妈妈送一件漂亮的围裙，怎么样？"（建议孩子用压岁钱来给妈妈买礼物）
　　　　——孩子送妈妈礼物，妈妈接到礼物说："谢谢宝宝！"
　　　　2. 妈妈送孩子礼物。
　　　　——妈妈说："宝宝很乖，我也要送宝宝一份礼物！"（妈妈外出买奶油较多的、易融化的冰淇淋）
　　　　——当孩子打开盒子时，发现冰淇淋已经融化。妈妈引导孩子表述整个"送礼物"的过程。指导孩子来仿编故事。（故事附后）
　　　　3. 和家人讨论"冰淇淋为什么会融化"，"如何使冰淇淋不融化"。（例如：用保温瓶装冰淇淋或用白色的塑料泡沫盒装冰淇淋等方法）家长记录每个人的想法，和孩子一起逐一实验。
 4. 讨论：送什么礼物不会融化？（家长记录孩子的发散性思维）
 5. 仿编故事：《礼物不见了》。
 ——家长引导孩子仿编故事："你听过'冰雪爷爷送呀呀礼物'的故事吗？""宝宝编一个'妈妈送宝宝礼物'的故事吧！"（家长帮助孩子仿编故事）

注意事项：1. 作业分成两部分来完成：亲身经历的过程和组织语言仿编的过程；2. 家长鼓励孩子改编故事的情节；（如：请妈妈改送宝宝喜欢的其他不会融化的礼物）3. 家长帮助孩子，把一起讨论的结果（如：怎样让冰淇淋不融化的方式）续编进故事。

附仿编故事： 　　　　　　　礼　物　不　见　了

　　宝宝送给妈妈一份礼物，是一件漂亮的围裙。宝宝对妈妈说："妈妈您辛苦了，我送您一件礼物，祝妈妈永远美丽！"
　　妈妈非常高兴，对宝宝说："谢谢宝宝！妈妈也要送宝宝一件礼物！"妈妈想："我送宝宝什么礼物呢？"妈妈想起宝宝最爱吃冰淇淋了，妈妈就去商店给宝宝买了一块奶油冰淇淋。
　　宝宝打开礼物一看："唉呀！礼物不见了！"原来盒子里的冰淇淋都已经融化了。

教学反馈：○　　△　　□
强化活动指导：

活动领域	感知刺激	社会行为	认知发展	语言发展
活动编号				
效果反馈				

（请家长使用下列符号对孩子进行上述活动的结果反馈：○＝不能完成　△＝成人帮助下完成　□＝能够独立完成）

周次：第35周　活动编号：69　活动名称：五颜六色的东西　　实施日期：

活动目的：1. 感受雨天给自己带来的快乐；2. 学会使用雨伞，并玩雨伞游戏；3. 发挥孩子的想象力，为雨景涂色。
活动准备：1. 雨伞、雨衣、雨鞋；2. 雨景图（单笔画，未上色的）；3. 彩色笔（水彩笔、油画棒等）。
活动过程：1. 在雨中游戏。
——下小雨时，家长带孩子撑开雨伞，静静倾听雨打在伞上的声音，家长提问："噢，天上怎么了？""下雨了，我们撑开了什么？""打开雨伞会被淋湿吗？"
——每人打开雨伞，玩转动雨伞的游戏，让孩子观看雨伞转动时水滴四溅的样子，问："转动的雨伞，让雨滴变成什么形状了？"（圆形）
——家长给孩子穿雨衣和雨鞋带孩子趟雨水，体会雨点打在身上的感觉。家长提问："雨点打在身上是什么感觉？"
2. 室内总结。
——家长用提问的方式引导孩子观察，如家长提问："宝宝身上淋湿了吗？""找一找哪里湿了？"互相找并说出："××淋湿了。"
3. 给雨景涂色。
——家长出示一幅未涂色的雨景图。
——家长语言提示："宝宝用你喜欢的颜色给图画涂色。"家长引导孩子大胆用色。
——让孩子来讲述雨景图（突出颜色的描述）。家长可以提问："宝宝画的雨滴是什么颜色的？""宝宝画的雨伞是什么颜色的？""宝宝最喜欢什么颜色的雨伞"

注意事项：1. 鼓励孩子富有创意地大胆用色；2. 家长用赞扬的目光欣赏孩子的作品。
教学反馈：○　　△　　□
强化活动指导：

活动领域	感知刺激	社会行为	认知发展	语言发展
活动编号				
效果反馈				

（请家长使用下列符号对孩子进行上述活动的结果反馈：○＝不能完成　△＝成人帮助下完成　□＝能够独立完成）

周次：第 35 周　活动编号：70　活动名称：下雨天可以做什么？　实施日期：

活动目的：1. 结合孩子的生活经历，培养孩子与人交流的愿望和能力；2. 学唱歌曲，在家长的帮助下，尝试将谈话的内容创编进歌曲中；3. 能够有表情、有体会地表现歌曲的内容。

活动准备：1. 图片（下雨天可以做什么）；2. 雨天的背景图；3. 乐器（响板儿、手铃）等；4. 用乐百氏瓶制作"麦克风"一个。

活动过程：1. 谈话"下雨天可以做什么"。

——说说雨天。家长语言引导："喜欢下雨天吗？为什么？""嘎嘎喜欢下雨天吗？""嘎嘎为什么不喜欢下雨天？""后来，嘎嘎喜欢下雨天了吗？""下雨天，嘎嘎和小伙伴玩什么？"（让孩子回忆《雨伞树》的故事）

——和孩子说说下雨天能做什么。家长出示一幅雨天的背景图，家长提问："下雨天，宝宝可以玩什么？"（家长倾听孩子的想法，并将孩子的想法用文字或图画的形式表现出来，例如：孩子说"下雨天，可以睡觉"。家长可以画一张床，以此方式收集孩子的想法）

——展开家庭讨论。记录家中每个人的想法（用图画的形式表现出来）。

2. 看图谈话："下雨天可以做什么"。

——家长将所有的想法（分为室外游戏和室内游戏两部分）引导孩子完整的表述："下雨天，我们可以在外面做什么？""下雨天，我们可以在屋子里玩什么？"

——家长也展开联想说出"下雨天，可以做什么"让孩子来倾听，引发孩子更多的想象。

3. 创编《雨天快乐歌》。

——引导孩子将对雨天快乐的情绪，用歌唱的方式表现出来，家长语言引导："宝宝喜欢下雨天，宝宝用画笔画过了五颜六色的雨景，再来和妈妈一起唱一首雨天的歌吧！"（孩子和妈妈唱原始歌词）爸爸在一旁欣赏，并为他们鼓掌。

——创编歌曲。家长先来做示范，将刚才大家讨论的"雨天可以做的事情"和着曲调演唱出来。家长可以看着图画先唱一段，引发孩子的创编欲望。家长说："宝宝来演唱，大家欢迎！"（可以递给孩子一个麦克风以激发其表演的欲望）

——家长欣赏孩子的表演，还可以为他伴奏（用小手铃或小响板摇动）。

附歌曲：

下 雨 天

1 = C 2/4　　　　　　　　　　　　　　　选自欧英童谣　汪爱丽 译配

5 5 6 5 5 6 | 5 5 3 | 4 4 2 | 5 5 3 |

下 雨 天 我 们 来　　干什 么？　干什 么？　干什 么？
下 雨 天 我 们 来　　搭积 木，　搭积 木，　搭积 木，
下 雨 天 撑 雨 伞　　散散 步，　散散 步，　散散 步，
下 雨 天 打 雨 伞　　捉迷 藏，　捉迷 藏，　捉迷 藏，

5 5 6 5 5 6 | 5 5 3 3 3 | 4 2 1 7 | 1 0 ‖

下 雨 天 我 们 来　　干什 么？我们　不 能 出 去　玩。唉！（烦恼地）
下 雨 天 我 们 来　　搭积 木，我们　大 家 搭 积　木。耶！（开心地）
下 雨 天 撑 雨 伞　　散散 步，我们　一 起 散 散　步。噢！（开心地）
下 雨 天 打 雨 伞　　捉迷 藏，我们　一 起 捉 迷　藏。嘿！（开心地）

注意事项：1. 家长唱歌时，表情自然、随着节拍微笑着点头或（拍手）；2. 家长拿出麦克风演唱，增添真实感，也会激发孩子的表演愿望；3. 创编的歌词，随着家长和孩子谈话内容来改变；4. 歌曲最后表示情绪的感叹词，可让孩子随意创编。

教学反馈：○　　△　　□

强化活动指导：

活动领域	感知刺激	社会行为	认知发展	语言发展
活动编号				
效果反馈				

（请家长使用下列符号对孩子进行上述活动的结果反馈：○ = 不能完成　△ = 成人帮助下完成　□ = 能够独立完成）

周次：第 36 周 活动编号：71 活动名称：仿编儿歌：《太阳刷》 实施日期：

活动目的：1. 通过户外活动，让孩子融入情景中体验太阳的炎热，并用"夏天的太阳火辣辣，晒得×××热乎乎的"来说话；2. 复习儿歌《顽皮的太阳》，理解儿歌的意义，熟练地朗诵儿歌；3. 引导孩子根据亲身经历，改编儿歌。
活动准备：卡片（生活景物、人物、动物）；自制一把太阳刷（用硬纸壳做）。
活动过程：1. 户外活动，体验炎热的太阳。
——家长事先让孩子摸一摸自己的身体有什么感觉，家长引导："宝宝身上热不热？""妈妈胳膊热吗？"再让孩子摸一摸家中的家具等物品热不热。
——家长语言引导："宝宝，我们一会儿到外面去，请宝宝告诉我夏天的天气是怎样的？""告诉我太阳火辣辣的，晒得哪里是热乎乎的？"（家长带孩子外出随身带好卡片）
——家长引导："夏天的太阳火辣辣，晒得什么热乎乎的？"鼓励孩子用手或身体任何的地方去触摸，来获得经验。
——家长询问孩子探究的结果："宝宝说一说，夏天的太阳晒得哪里热乎乎的？"（引导孩子说出来）家长提问："宝宝摸一摸，你身上哪里热乎乎？"可以说出头发、胳膊、腿等等，再让孩子说出身边的物体，比如：地面、墙壁、汽车、楼房、大门、桌子、室外玩具如滑梯、秋千等是热乎乎的。
——家长引导孩子观察在太阳下人们和动物的表现：阿姨、奶奶们打起太阳伞，叔叔、爸爸们戴上墨镜，小狗热得吐舌头，小猫热得找荫凉等等。（注：每当孩子发现并表达一个现象时，家长都从随手带的卡片中找出接近的一张，让孩子对应表述）
——家长引导孩子用"夏天的太阳火辣辣，晒得×××热乎乎"来说句子。
2. 室内活动：复习儿歌（熟练朗诵儿歌）。
——家长引导："夏天的太阳火辣辣，它像一把大刷子，刷到哪里，哪里热乎乎的，我们来说儿歌吧！"家长和孩子一起复习儿歌，可以变换形式来表演儿歌（一人说一句等方式）。
3. 仿编儿歌《太阳刷》。
——家长为孩子营造创编儿歌的氛围。引导孩子创编儿歌："宝宝来想一想，太阳还能刷什么呀？"家长可以用刚才的卡片作为孩子的提示，静静等候孩子独自创编。
——家长也参与创编，可以变换孩子说的顺序（要新增内容）。

附：创编儿歌（内容供参考）

顽 皮 的 太 阳

夏天的太阳很顽皮，拿把刷子到处刷。
刷刷地面，刷刷楼房，刷刷玻璃。
刷刷汽车，刷刷滑梯，刷刷大门。
刷刷刷，刷刷刷，把外面的东西刷得火辣辣。

创编儿歌（内容供参考）

太 阳 刷

夏天的太阳很顽皮，拿把刷子，到处刷。
刷刷胳膊，刷刷头发，刷刷大腿。
刷得阿姨打起伞，刷得叔叔戴墨镜，
刷得小狗吐舌头，刷得小猫找荫凉，
刷刷刷，刷刷刷，刷得大家火辣辣。

注意事项：1. 在创编儿歌时，家长可以先创编，给孩子做个正确的示范；2. 在孩子创编时，不应打断孩子创编思路，待告一段落后再将句子补充完整，让孩子模仿一遍完整的句子。

教学反馈：○　　△　　□

强化活动指导：

活动领域	感知刺激	社会行为	认知发展	语言发展
活动编号				
效果反馈				

（请家长使用下列符号对孩子进行上述活动的结果反馈：○＝不能完成　△＝成人帮助下完成　□＝能够独立完成）

周次：第36周   活动编号：72   活动名称：自制夹心冰块   实施日期：

活动目的：1. 在情景操作下，感知冰的凉和易融化的特征；2. 感知冰形成的过程，尝试自制冰块；3. 在制作过程中，发展孩子审美情趣，懂得欣赏作品；4. 能够借助工具解决问题。

活动准备：1. 各种形状的盒子（大小不同，形状不同的盒子）；2. 剪纸、塑料玩具（插片、花、小动物）、小硬纸卡片（各种颜色的或有图案的）和各色线绳；3. 辅助工具：如脸盆等。

活动过程：1. 引起制作夹心冰块的兴趣。
　　　　——家长提示："妈妈听说冰雪爷爷给小朋友送礼物来了，是吗？""你得到礼物了吗？""你的礼物是什么？""冰雪爷爷把礼物放到哪里了？"（出示夹心冰块）
　　　　——家长引导孩子："你想不想自己制作夹心冰块？""宝宝把夹心冰块送给你喜欢的人，好吗？"
　　　　2. 学习制作夹心冰块。
　　　　——选择自己喜欢的盒子，家长引导："你想做成什么形状的冰块呀？"家长让孩子知道盒子的形状和夹心冰块的形状是一样的（让孩子选一个自己喜欢的）。
　　　　——倒水。家长引导："宝宝，往盒子里倒满水！"（每个人都操作）
　　　　——往水里放夹心。家长出示可当做夹心的材料给孩子，如：剪纸、塑料玩具、小纸片、或小卡片等。家长引导："在水里放一个你喜欢的玩具当夹心，这个玩具就是送给别人的礼物。"家长让孩子自己挑选，不要和别人选的一样（一家三口每人选一个自己喜欢的）。家长和孩子交流："为什么选择×××这个玩具？"让孩子谈谈理由。
　　　　——放线绳。家长出示各色线绳，说："给夹心冰块安一根绳儿。"家长让孩子选择并教他放线绳的方法（留一小段线绳在盒外）。
　　　　——放入冷冻室。家长引导："你知道我们把它放在什么地方才能冻成冰块吗？"（给孩子思考时间）家长提示："把它放在最冷的地方！"让孩子寻找家中最冷的地方（冰箱的冷冻室）。

3. 夹心冰块做好了
——取出,让孩子观察水变成冰的现象。家长提问:"盒子里的水变成了什么?""为什么变成了冰?"(初步探究冰箱中温度低的原因)
——想办法取出冰块。家长引导:"想一想,怎么把冰块从盒子中取出来?"让孩子随意用什么方法试验,如:可以往桌子上扣一扣盒子、用盆接水,把冰块盒放在水中浸泡数分钟等方法(一家三口各显其能)。
——总结:用什么方法最好。
4. 欣赏自己制作的夹心冰块。
——说一说谁的夹心冰块做得最好看。用句式"×××喜欢×××"说一句话。
5. 送朋友礼物。
——家长鼓励孩子,把夹心冰块当作礼物送给自己喜欢的人,如:邻居的叔叔、阿姨或小伙伴等。

注意事项:1. 两位家长共同参与制作过程;2. 用欣赏的眼光看孩子的作品。3. 根据孩子的兴趣,还可以寻找时间继续让孩子动手制作夹心冰块。

教学反馈:〇　　△　　□
强化活动指导:

活动领域	感知刺激	社会行为	认知发展	语言发展
活动编号				
效果反馈				

(请家长使用下列符号对孩子进行上述活动的结果反馈:〇 = 不能完成　△ = 成人帮助下完成　□ = 能够独立完成)

周次:第37周　活动编号:73　活动名称:说说心里话　　实施日期:

活动目的：1. 继续练习制作晴雨娃娃，并进行装饰；2. 在制作娃娃的过程中练习对话；3. 借助晴雨娃娃表达自己的心愿。
活动准备：1. 20 厘米见方的白布两块，棉絮，红毛线绳；2. 各色彩笔。
活动过程：1. 引起孩子和妈妈共同制作晴雨娃娃的兴趣。

　　　　　妈妈说："宝宝在幼儿园做了晴雨娃娃了吗？晴雨娃娃一定很好看吧！宝宝教妈妈做晴雨娃娃吧。"

　　2. 妈妈启发孩子说出制作过程。

　　　——妈妈说："第一步先做什么呢？"引导孩子说出：打开白布，放在桌上。然后妈妈重复一遍孩子的话，并和孩子做相同的动作。

　　　——用同样的方法，妈妈引导孩子一步一步地说出制作过程，并规范地操作。

　　　——在白布中间放上一团棉絮，用白布包住棉絮，用线绳缠绕出娃娃的头，拿彩笔画娃娃的头发、眼睛、鼻子、嘴巴、耳朵，晴雨娃娃做好了（孩子做不好时，妈妈要帮忙）。

　　3. 妈妈和孩子共同庆祝晴雨娃娃制作成功。

　　　——互相击掌，表示出成功的喜悦，并说："噢，胜利了！"

　　　——共同把晴雨娃娃挂在窗口来欣赏。

　　4. 和晴雨娃娃说说心里话。

　　　——妈妈对孩子说："晴雨娃娃是我们的好朋友，我们有心愿，只要轻轻告诉她，她就会知道。"

　　　——妈妈先对着晴雨娃娃说出自己的心愿，如："让我的宝宝快快长大吧！"

　　　——妈妈启发孩子说："宝宝有什么心里话快告诉晴雨娃娃吧！"

注意事项：家长要和孩子一样，每天回到家都要和晴雨娃娃打招呼，说一说话，使孩子感到晴雨娃娃是可以说心里话的好朋友。

教学反馈：○　　△　　□

强化活动指导：

活动领域	感知刺激	社会行为	认知发展	语言发展
活动编号				
效果反馈				

　　（请家长使用下列符号对孩子进行上述活动的结果反馈：○ = 不能完成　△ = 成人帮助下完成　□ = 能够独立完成）

周次：第37周 活动编号：74 活动名称：听理解:猜猜冰箱里都有啥？ 实施日期：

活动目的：1. 知道冰箱有制冷的作用；2. 练习听辨2~3项内容及听指令放物。
活动准备：1. 画有冰箱内部结构稍大的图（参照书中提供的图样）；2. 各类食物的卡片（鱼、肉、蛋、牛奶、水果、蔬菜、饮料、冰棍）。
活动过程：1. 观看实物冰箱，感知冰箱内物品的温度。
——妈妈带孩子打开家里的冰箱看看，冰箱里是什么样的？冰箱里都放着什么东西？
——妈妈让孩子摸一摸冰箱里的食品（感觉到冰手）；尝一尝刚从冰箱里拿出来的饮料和水果（冰凉的）。
——启发孩子说出冰箱可以制冷，让食品变得冰凉。
2. 做听辨和听指令放物的练习（做练习时，妈妈坐在孩子的好耳一侧）。
——出示冰箱结构图和各种食物卡片，告诉孩子要听指令把这些卡片放到冰箱里。
——在孩子面前摆放鱼、苹果、鸡蛋、萝卜、米饭的卡片（也可自行选择图片，但要够5张以上），妈妈说指导语，让孩子执行。
指导语：
（1）请宝宝把××和××放到冰箱里。（如果做错了，再做同等难度的练习，做对了加大难度）
（2）把××放到冰箱的第一层。
（3）把××和××放到冰箱的第二层。
（4）把××和××放到冰箱的第一层，××放到冰箱的第二层。
3. 猜猜冰箱里都有啥？
——妈妈在孩子面前摆放4~5张卡片，让孩子看几秒钟卡片，然后让孩子蒙住眼睛，这时妈妈从摆好的卡片中拿走1张,让孩子观察哪张卡片没有了,妈妈把什么放到冰箱里去了。
——逐渐加大难度,可以一次拿走2张或者3张卡片,当孩子不能说对时,就不要再加大难度了,可以停留在这一水平多练习几次。

注意事项:在做听辨练习时,妈妈注意声音不要过大,像平常说话的音量即可。
教学反馈:○　△　□
强化活动指导:

活动领域	感知刺激	社会行为	认知发展	语言发展
活动编号				
效果反馈				

（请家长使用下列符号对孩子进行上述活动的结果反馈:○＝不能完成　△＝成人帮助下完成　□＝能够独立完成)

周次:第38周　活动编号:75　活动名称:听理解:下了场什么雨?　实施日期:

活动目的:1. 在理解妈妈描述性语言的基础上说出下了场什么雨;2. 通过提示,想象出更多形式的雨,感受想象的乐趣。
活动准备:彩色笔、画纸。
活动过程:1. 妈妈描述情景,孩子通过理解回答问题（妈妈坐在孩子好耳一侧同孩子讲话)。

——妈妈描述:"春天来了,春姑娘向大地撒了许多美丽的花瓣,春姑娘下了一场什么雨?"(花雨)

——妈妈描述:"小鸟在天空中飞,小鸟把许多漂亮的羽毛撒向大地,小鸟下了一场什么雨?"(羽毛雨)

——妈妈描述:"小朋友飞上天空,他把自己的玩具撒向大地,小朋友下的什么雨?"(玩具雨)

——妈妈描述:"小鱼也飞上天空,小鱼向大地撒了许多贝壳,小鱼下的是什么雨?(贝壳雨)

2. 引导孩子想象出更多形式的雨。

"小花猫、小黄狗、小公鸡和小乌龟也要到天上去下雨,可是它们不知下什么雨好?宝宝帮助它们想一想,好吗?"

3. 画出孩子最想下的雨。

注意事项:妈妈给孩子讲述句子时,语速可放慢,这样有利于孩子听得更准确。如果讲一遍孩子没听清,就再重复一遍。

教学反馈:○　△　□

强化活动指导:

活动领域	感知刺激	社会行为	认知发展	语言发展
活动编号				
效果反馈				

(请家长使用下列符号对孩子进行上述活动的结果反馈:○=不能完成　△=成人帮助下完成　□=能够独立完成)

周次:第38周　活动编号:76　活动名称:猜猜他们在做啥?　实施日期:

活动目的：1. 在人工降雨活动经验的基础上，练习用完整句来描述活动内容；2. 通过所提供的线索来猜出活动内容；3. 继续感受想象、创造的乐趣。

活动准备：1. 瓶盖上打了孔的小可乐瓶3~4个；2. 稀释了的各种颜色；3. 一张大些的白纸。

活动过程：1. 谈论有关人工降雨活动的话题。

妈妈和孩子说一说在幼儿园上课时小朋友都是怎样人工降雨的，引导孩子用完整句来表达。
——××用瓶子喷雨，××用小树叶兜水洒雨，××用手捧水淋雨。

2. 妈妈描述活动情景，启发孩子想象出不同的活动内容。

妈妈说："咿咿、呀呀和哒哒每人都拿了一个装满水、瓶盖上有小孔的可乐瓶子，咿咿拿着瓶子站在院子里，呀呀拿着瓶子站在花丛中，哒哒一手抱着娃娃一手拿着瓶子站在卫生间，宝宝猜猜他们在做什么呢？"

3. 妈妈出示书上的图，让孩子看看咿咿、呀呀和哒哒到底在干什么呢？并让孩子用完整句来说一说图上的内容。

第一幅图——咿咿拿着瓶子，向地上喷水，咿咿在人工降雨；
第二幅图——呀呀拿着瓶子，在洒水浇花；
第三幅图——哒哒用瓶子当淋浴器在给娃娃洗澡。

4. 妈妈出示准备好的物品，3~4个空可乐瓶子，各种颜色的颜料水，一张大白纸，让孩子想一想这些东西可以做什么用，然后妈妈带着孩子一起把颜色水灌入瓶中，再把这些彩色水用可乐瓶洒在大白纸上，让孩子说说"我们在做什么？"（制造一场彩色雨）"彩色雨洒在纸上像什么？"发挥孩子的想象力。

注意事项：活动延伸。妈妈可以用语言描述孩子经常做的事或熟悉的活动，让孩子猜一猜他们在干啥？如：小猫扛着钓鱼竿到小河边去干什么？咿咿和呀呀在河边玩球，不小心掉到了水里，小猫拿来鱼竿干什么呀？

教学反馈：〇　△　□

强化活动指导：

活动领域	感知刺激	社会行为	认知发展	语言发展
活动编号				
效果反馈				

（请家长使用下列符号对孩子进行上述活动的结果反馈：〇＝不能完成　△＝成人帮助下完成　□＝能够独立完成）

周次：第 39 周　活动编号：77　活动名称：看图讲述：小猪洗澡　实施日期：

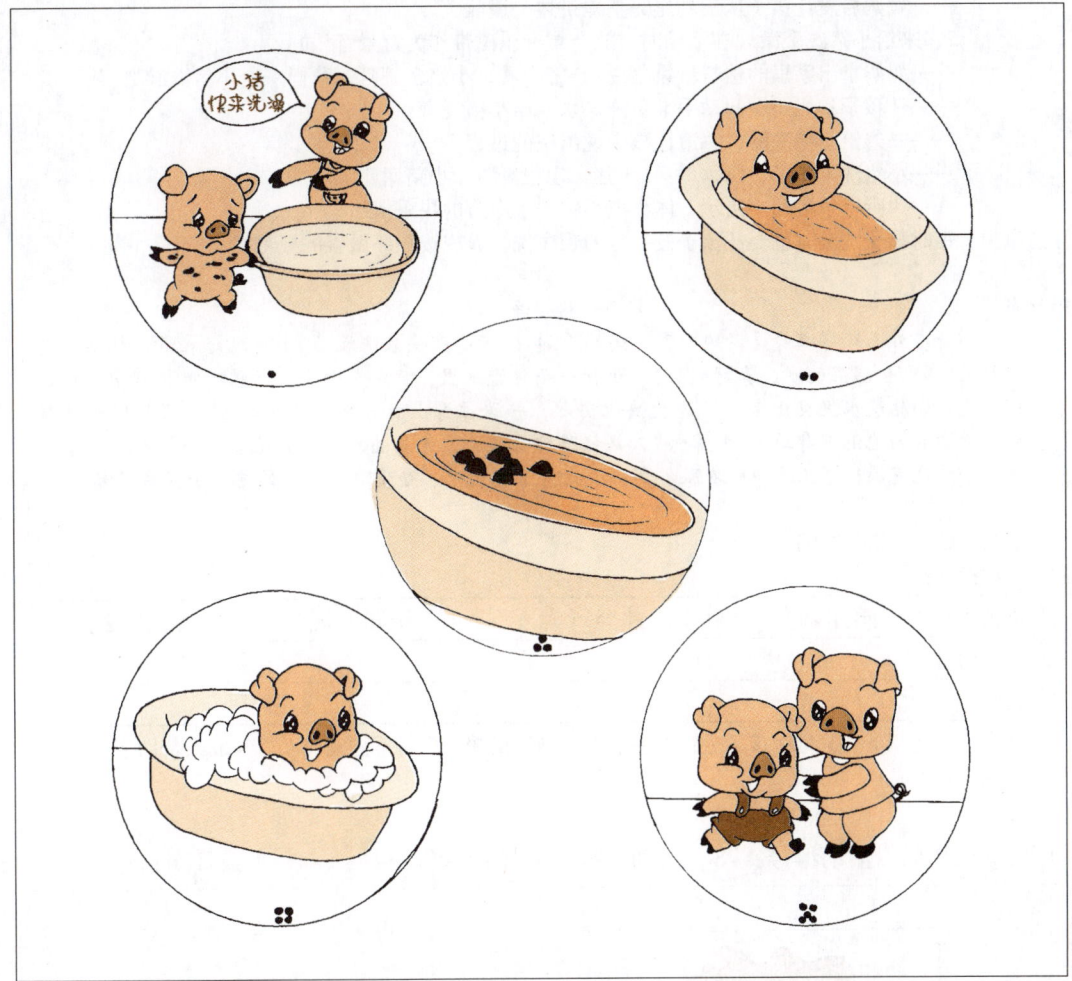

活动目的：1. 在成人启发下用完整句讲述图片内容；2. 喜爱给玩具小猪洗澡。
活动准备：1. 塑料玩具小猪一只、脸盆、香皂、毛巾；2. 欢快的儿童音乐磁带。
活动过程：1. 出示图片引导孩子讲述。
　　　　　妈妈指着书上的图让孩子看，然后提问：
　　　　　——妈妈指着第一幅图问："小猪跑到哪里去了，全身都是泥？猪妈妈对小猪说了什么？"引导孩子把第一幅图完整地讲述一遍。（小猪在外面玩得满身是泥跑回家，妈妈说："小猪快来洗澡。"）
　　　　　——妈妈指着第二幅图问："小猪跳进温温的水里有什么感觉呢？"（真舒服啊）把第一幅图和第二幅图连起来讲一遍。
　　　　　——妈妈指着第三幅图问："小猪到哪里去了？"（小猪钻进水里去了）"水面上怎么会有水泡泡呢？"（小猪在水里吐的气）引导孩子完整地把第三幅图讲一遍（小猪钻进水里不见了，水面"咕噜咕噜"冒出一串串小泡泡）。
　　　　　——妈妈指着第四幅图问："小猪是怎么样洗澡的？"结合平时孩子洗澡的经验，说一说小猪洗澡的过程（搓搓脖子、搓搓背、滑溜溜的泡泡满身跑）。
　　　　　——妈妈指着第五幅图问："猪妈妈为什么亲小猪？"（小猪洗完澡，穿上干净的衣服，香喷

喷的，妈妈喜欢干净的小猪）
——妈妈启发让孩子从头到尾完整地讲述一遍故事。
2. 来给小猪洗个澡（在活动时，放儿童音乐磁带作为背景音乐）。
——妈妈拿出家里的塑料玩具猪说："宝宝看，小猪多脏呀，我们来给小猪洗澡吧。"
——让孩子和妈妈一起动手准备洗澡水，给小猪洗澡。
——一边给小猪洗澡，一边让孩子说出洗的过程。
——小猪洗干净了，妈妈说："小猪一定很舒服，小猪谢谢宝宝。"
——边听音乐边和小猪玩，体会把小猪洗干净后的快乐情绪。
注意事项：平时孩子洗澡时也要让孩子按一定的顺序洗，养成按顺序做事的好习惯。

附故事： <center>小 猪 洗 澡</center>

　　小猪在外面玩得满身是泥跑回家，妈妈看到说："小猪快来洗澡。"小猪脱好衣服，扑腾跳进浴缸里。"啊！温温的水，真舒服呀！"小猪一头钻进水里，只见水面上"咕噜咕噜"冒出一串串小泡泡。小猪从水里钻出来，一边欢快地唱歌，一边往身上打香皂。"嚓嚓嚓"，搓搓脖子搓搓背，滑溜溜的泡泡满身跑；"嚓嚓嚓"，搓搓胳膊搓搓脚，亮晶晶的泡泡满屋飞……
　　小猪洗完澡，穿上干净的衣服。啊！小猪身上亮光光、香喷喷的，妈妈抱着小猪亲了起来。

教学反馈：○　　△　　□
强化活动指导：

活动领域	感知刺激	社会行为	认知发展	语言发展
活动编号				
效果反馈				

（请家长使用下列符号对孩子进行上述活动的结果反馈：○ = 不能完成　△ = 成人帮助下完成　□ = 能够独立完成）

周次：第39周　　活动编号：78　　活动名称：看图识天气　　实施日期：

活动目的：1. 初步了解天气的种类和基本特征；2. 看图识天气。
活动准备：彩色水笔、画图纸。
活动过程：1. 画一画天气牌。
　　　　　——太阳高高挂在天上，是什么天？（晴天）孩子画一张表示晴天的图。
　　　　　——"哗啦啦"下雨了，画一张表示雨天的图。
　　　　　——秋天，"呼呼，呼呼"的刮风了，画一张表示刮风的图。
　　　　　——冬天，下起了大雪，画一张表示下雪的图。
　　　　2. 请孩子解释一下他画的图画。
　　　　　——哪个图案是刮风？哪个图案是下雪？
　　　　3. 猜一猜书上的天气牌。
　　　　　——妈妈让孩子猜一猜书上的天气牌画的是什么天气。
　　　　　——看一看孩子画的天气牌和书上的天气牌一样吗？说一说哪里不一样。
　　　　4. 观看电视天气预报，观察电视中的天气标志图案。
　　　　5. 孩子和妈妈共同制作天气牌，并挂在墙上以便每天记录天气情况。
注意事项：家长每天同孩子一起关注天气预报，了解当天的天气情况，并按天气预报更换墙上的天气牌。
教学反馈：○　　△　　□
强化活动指导：

活动领域	感知刺激	社会行为	认知发展	语言发展
活动编号				
效果反馈				

　　（请家长使用下列符号对孩子进行上述活动的结果反馈：○ = 不能完成　△ = 成人帮助下完成　□ = 能够独立完成）

周次：第 40 周　活动编号：79　活动名称：情景判断：谁会感冒？　实施日期：

活动目的：1. 复习《太阳感冒了》的故事，知道太阳感冒的原因；2. 能够根据情景判断出谁会感冒并简单说出原因；3. 能够说出几种不得感冒的正确行为。

活动准备：《太阳感冒了》的故事图片。

活动过程：1. 出示故事图片，孩子和家长共同讲述故事《太阳感冒了》，并通过提问使孩子推测出太阳感冒的原因。

　　——太阳公公为什么又打雷又下雨呢？（太阳公公感冒了，他在打喷嚏流眼泪。）

　　——太阳公公为什么会感冒？（因为小朋友给太阳公公吃了好多冰棍/冰淇淋，太阳公公受不了就感冒了。）

2. 出示书上的情景图片，让孩子判断哪些行为会使人感冒，并说出原因。

　　——看看图上的这两个小朋友在干什么？他们中谁会感冒呢？为什么这个小朋友会感冒呀？

3. 妈妈详细地给孩子讲解为什么会感冒。（如：冰棍很凉，如果吃多了人的身体受不了，会肚子疼，会生病，小朋友一次只能吃一根冰棍。吃了一根冰棍又凉快又舒服，还不会生病得感冒。）

4. 请孩子根据图片提供的线索，说一说应该怎样做。

5. 结合着生活经验,谈一谈孩子感冒的经历,说一说要怎样做才能不感冒。

注意事项:1. 在活动中要重点引导孩子思考;2. 妈妈在讲解为什么会感冒的原因时尽可能讲清事物之间的内部联系。

教学反馈:○　　△　　□

强化活动指导:

活动领域	感知刺激	社会行为	认知发展	语言发展
活动编号				
效果反馈				

（请家长使用下列符号对孩子进行上述活动的结果反馈:○=不能完成　△=成人帮助下完成　□=能够独立完成）

周次:第40周　活动编号:80　活动名称:情景判断:谁把小水滴气哭了?　实施日期:

活动目的:1. 能够说出水的几种用途,初步懂得节约用水;2. 能够判断出哪些是节水行为,哪些是浪费水的行为;3. 能用语言简单讲述图片内容。

活动准备:小水滴娃娃的图片。

活动过程：1. 说说水的用途。
　　　　——妈妈利用家里的条件带孩子做各种与水有关的活动，通过活动让孩子感知水的用途，并让孩子说一说水可以用来做什么。
　　　　——妈妈出示小水滴娃娃的图片问孩子："这个小娃娃是谁呀？我们家哪里有小水滴娃娃呀？小水滴娃娃能帮我们做什么呢？"
　　　　——妈妈带孩子在家里到处找一找哪里有水，并看看水能帮我们做什么。
　　　　　　（1）在卫生间的活动——洗脸、洗手、刷牙、洗澡、洗衣服、冲马桶等。
　　　　　　（2）在厨房的活动——洗米、洗菜、做饭、刷碗等等。
　　　　　　（3）其他活动——喝水、浇花、养小鱼等等。
　　　　2. 情景判断：谁把小水滴气哭了。
　　　　——妈妈说："小水滴能帮我们做那么多的事，小水滴真是我们的好朋友，可是有的小朋友不珍惜小水滴，把小水滴气哭了，宝宝看看是谁把小水滴气哭了？"此时，妈妈出示书上的图让孩子判断，然后提问："小水滴为什么会哭呀？"引导孩子讲述图片中的内容。
注意事项：节约用水的习惯要在生活中一点一滴地培养。首先家长要有节水意识，平时可以让孩子和妈妈一起用洗菜、洗米的水浇花和冲马桶等。

教学反馈：○　　△　　□

强化活动指导：

活动领域	感知刺激	社会行为	认知发展	语言发展
活动编号				
效果反馈				

　　（请家长使用下列符号对孩子进行上述活动的结果反馈：○ = 不能完成　△ = 成人帮助下完成　□ = 能够独立完成)

第三章　参考资料

聋儿早期家庭康复教育策略提示

家庭教育以其独有的启蒙性、个别性、生活性、随机性、隐潜性的客观魅力，必将成为聋儿康复教育整体的必要组成部分。

聋儿社区家庭康复工作正在发展的必然张力，势必带动早期干预工作的后来居上与深入，它将是能否早日减少或避免我国聋儿产生，能否早日使耳聋儿童回归主流社会，使其家庭减少经济和精神负担、提高生活质量的战略举措。但事情的发展总不能尽如人意，随着早期干预第一环节"早发现、早诊断"，第二环节"早验配、早放大"目标的实现，第三环节"早训练、早康复"任务的开始，"教什么，怎么教"这一问题便如影随形地贯穿、笼罩在家庭康复实践历程的始终。很多家长因此感到茫然无助，转而将康复孩子的全部责任和希望转嫁给了康复机构，更有甚者丧失了对聋儿康复的信心和勇气，放弃了孩子重返主流社会的机会与权利；很多教师也因此迷失康复的目标与方向，教学变得单调而缺乏生机，对家长的指导显得苍白无力。这是造成目前我们的聋儿早期干预工作在社区家庭中呈现"虎头蛇尾"表象的重要原因之一，也是如何从整体上提高全国聋儿康复质量的关键所在。加强聋儿社区家庭康复中早期教育干预策略的研究与实践，是我们今后开展聋儿早期干预工作，提高干预水平的突破重点。

"教什么，怎么教"一直是教育科学研究的主要内容，也是聋儿早期教育干预策略要解决的核心问题。其具体内涵可能因不同的时代、不同的阶段、不同范畴以及教育对象的个体差异有所不同，但其实践进程中所反映出的相近或相同的教育规律和原则，正在为众多成功聋儿家庭的康复实践逐一证实，它不仅为聋儿早期教育干预策略内容体系的架构提供了理论上的保障，而且提供了经验上的证明。建构和描述聋儿早期教育干预策略应从以下几个方面入手，它将为聋儿家长提供重要的启示。

一、教育观念策略

它是现代儿童观、发展观及康复观的集中体现，决定着康复教育过程中的意识形态，指明了教育的方针与方向，有助于教育行为正确地抉择与判断。其内容包括：

（1）特殊儿童与健听儿童一样，具有接受全面发展教育的权利与需求。

（2）特殊儿童身心的成长与发展存在着与健听儿童共同的模式，都遵循着一个有顺序的阶段性的连续过程；健听儿童发展的关键期理论同样适用于聋儿的康复历程，教育应及早进行。

（3）聋儿的特殊性客观存在，在康复进程中表现为一种特殊的教育需要，听力语言康复是聋儿早期康复、教育、发展的核心内容，而不是全部。

（4）每个聋儿都具备发展的潜能和自己独特的学习方式，最好的康复教育应能为其个体潜能的最大限度的发掘与发挥提供最少受限制的教育环境，促进个体的完整、协调发展。

（5）家庭教育是机构教育的有力补充，但有别于机构教育，应充分发挥出其启蒙性、个别性、生活性、随机性、隐潜性作用的优势。

(6) 聋儿是康复教育过程中学习的主体，具有主动学习的意识和潜能，康复教育目标的制定以及教学内容的选择除了应考虑聋儿的年龄阶段特征以外，还应考虑其个体的发展需要及兴趣。

(7) 聋儿各个方面的发展不是彼此孤立、独立进行的，它们之间相互影响、相互联系，作为一个整体发挥着功能。

(8) 家长是聋儿的第一任教师，坚持不懈地对聋儿进行康复是家长的终身责任。他们的身体力行及所采取的教养方式将对聋儿的发展产生深远的影响。

二、教育模式策略

聋儿正处在人生历程中生理、心理发展速度最快的时期，虽然在发展的整体上遵循着等同于健听儿童的、有顺序的、阶段性的、连续性的发展过程规律，但由于听力语言障碍的客观存在，致使其身心发展的某些方面滞后于其实际的年龄水平，或错过了发展的关键期而出现异常行为，这就需要教育执行者根据聋儿发展的实际状况采用不同的教育模式。

1　养成性教育模式

主要适用于同聋儿实际年龄及接受能力比较接近，正在形成中的还未成形的身心发展的某些方面，诸如智力品质、良好的行为、生活习惯以及动作技能、情绪个性等，主要目的是通过情景教育、家园同步教育、典型教育、讲授教育、行为练习等手段帮助聋儿形成一种有益的、正确的心理定势或反射。

2　补偿性教育模式

主要适用于落后于聋儿实际年龄水平的某些发展方面，诸如听力语言、认知能力及社会性的发展，或发展已经表现出某些异常的行为，如发音异常、情绪障碍或人格缺陷等，其目的是通过专项强化训练、行为矫治、游戏矫治的手段和方法进行有效干预，从而改变上述诸相关方面的发展状况，减少差距。

三、教育目标策略

教育目标是开展教育活动的出发点和归宿，它规定教育活动预期获得的某种效果。有了教育目标，教育活动的设计与安排、教育活动的组织与开展才有了一个基本的依据；有了教育目标，教育活动的内容选择、方法运用、效果评价也有了原则和范围。可以这样说，教育目标越明确，教育活动过程就越科学，效果就越理想，也就越能有效地促进儿童的身心发展。

1　总体教育目标的制定要全面、系统，具有指导性

康复教育目标既要包含聋儿个体发展的智力领域、非智力心理领域、艺术领域、知识领域、体能领域的内容，又要考虑个体的年龄特征及其接受能力水平。

2　具体教学目标，尤其是语言教育目标要明确、具体

目标的描述要包含以下三个关键要素，一是要有操作性动词，如"说出"、"分解"、"比较"等等；二是要有完成行为的有关条件，如是用语言表达，还是用绘画、泥塑等行为动作表达；三是要有行为表现标准，即对学习结果的叙述，如"很好"、"较好"、"熟练"、"精通"等等。这样的教学目标就可成为教师或家长评价教育效果的主要依据了。

四、教学内容策略

人类心理发展关键期的研究告诉我们，人类的某种行为和技能、知识的掌握在某个时期发展最快，最易受影响。如果在这个时期施以正确的教育，就会取得事半功倍的效果，一旦错过这个时期就要花几倍的努力才能弥补，或者将永远无法弥补。我们的教育对象——聋儿，也毫无例外地正在经历着人类能力结构以及整个心理机制开始形成、建构的关键期。不言而喻，在发展的关键期所需积累的关键经验应是我们教育内容策略的全部内涵。根据美国 High Scope 教育科学研究所研究的结果，发展关键期的关键经验如下：

1　主动学习的关键经验

动用所有的感官主动地探究；通过直接经验发现事物之间的关系；操作、转换和组合种种材料；选择材料、活动和目的；掌握使用工具和设备的技能；进行大肌肉活动；自己的事自己做。

2　语言运用的关键经验

与别人交流自己有意义的经验；描述物体、事件和事物之间的关系；用语言表达情感；由教师把幼儿自己的口头语言记录下来并读给他听；从语言中获得乐趣：念儿歌、编故事、倾听诗歌朗诵和故事讲述。

3　经验和表征的关键经验

通过听、摸、尝和闻来认识物体；模仿动作；把图片、照片以及模型与真实的场景和事物联系起来；玩角色游戏和装扮活动；用泥、积木等材料造型；用不同的笔绘画。

4　发展逻辑推理的关键经验

（1）分类：探究和描述事物的特征；注意并描述事物的异同，进行分类和匹配；用不同的方式使用和描述物体；描述事物所不具有的特征或不归属的类别；同时注意到事物的一个以上的特征；区别"部分"和"整体"。

（2）排序：比较哪一个更大（更小）、更重（更轻）、更粗糙（更平滑）、更响（更轻）、更硬（更软）、更长（更短）、更高（更矮）、更宽（更窄）、更锋利、更暗等等；根据某种特征来排列物体，并描述它们之间的关系（最长的、最短的等等）。

（3）数概念：比较数和量的多少，等量；更多、更少，数目一样多；用一一匹配的方式来比较两个数群的数量（饼干和小朋友的数量是否一样多）；点数物体和唱数。

5　理解时间和空间的关键经验

（1）空间关系：装拆物体；重新安排一组或一个物体在空间的位置（折叠、弯曲、铺开、堆积、结扎），并观察由此产生的空间位置的变化；从不同的空间角度观察事物和场景；体验和描述物体的相对空间位置（如：在中间、在旁边、上去、下来、在顶上、在上面、在……以上）；体验和描述物体和人的运动方向（去、来自、进去、出来、朝向、远离）；体验和描述事物之间和地点之间的相对距离（靠近、邻近、远、紧靠、相隔、在一起）；体验和表征自己的身体：有什么样的结构，身体各部分的功能是什么；学习确定教室、幼儿园以及周围环境中种种物体的位置；理解绘画和图片中所表征的空间关系；识别和描述各种形状。

（2）时间：制定计划和完成计划；描述和表征过去的事件；用语言推测将要发生的事件，并为此做好适当的准备；按信号开始或停止一个动作；识别、描述和表征事件的顺序；体验和描述不同的运动速度；在讲述过去和将来的事件时，学习使用惯例的时间单位（早晨、昨天、小时等等）；比较时间的间隔（短、长、新、旧、年轻、年老、一会儿、长时间）；注意观察把钟表和日历当作时间消逝的标记；观察季节的变化。

五、教育方法策略

世界上任何一位关心孩子成长和发展的父母，无不期望自己的孩子在做任何一件事时，都能表现出自立、有序、自制、专注、奉献的个性品质，但怎样才能实现这一教育梦想呢？父母们每天陪着自己的孩子进行着康复历程的马拉松，他们最有机会去启发孩子们对知识的天生爱好，这其中的秘密就是将日常的经历转变成学习的机会。但大多数家长们缺乏这样一些方法，即站在孩子的角度，读懂他们的行为，并将孩子的行为引导到一个有效目标上去。

1　观察是父母挖掘孩子天赋潜力的最好开端

我们需要顾及孩子，需要停下来观看、聆听他们怎样着手他们的小小追求。它需要时间，责任心，还有目的性。抓住所有的机会去观察孩子，即便是正在忙于操持家务，也要观察孩子所做的一切细节，正是这些细节使我们的孩子成为了独特的人。这儿观察两分钟，那儿观察两分钟，不久你就会拥有一个职业教育家的眼光和技术，并以此来观察孩子。很快就会有一串儿惊喜的发现：你对孩子的了解不断增长，对他们的爱也由此增强；你将对他们所适合的总体发展计划有个了解，而且对他们的独特方式也有所认识；你将知道什么时候准备好接受新事物或什么时候从新的角度去看旧事物；你将对孩子的某些细节行为有深入的理解，你将清楚地看见孩子发展进程中的强项与弱项，确切知道怎么为他们祝福。

2　理解是父母给予孩子尊严和尊重他们的重要方法

生活的忙碌，所有重要的、成年人的事攫取了我们的注意力，父母需要多久才能看看孩子们眼中的世界？为了理解孩子，父母们首先要想象穿他们的小鞋，用他们的小手抓笨重的东西，解决他们所遇到的大问题，并且用他们的未受世俗污染的方法处理这一切，用他们的眼光去看，用他们的耳朵去听。耐心是学会理解的关键，是观察孩子、疼爱孩子和向孩子学习的结果。从根本上讲，是学习最大限度地施展父母的教育能力并愿意改变自己的结果。

3　示范是父母实施教育并贯穿于康复教育始终的一条重要原则

孩子们是个天生的模仿家，孩子模仿他们的父母，这是奠定基础的最好方法，也是每一位家长的重要责任！我们不能禁止孩子的模仿，相反我们应该让自己值得模仿。当孩子看着我们的时候，我们更应学会全神贯注地做事，就像我们对孩子提出的要求一样。比如，当我们手中拿着东西的时候，要走得平缓；要用双手去端即使很少量的东西；系鞋带时，也要像做世界上最吸引人的事一样；我们要尽量每次只做一件事。

4　改变是父母想发挥自身潜能成为孩子所需要的那类父母的必要保证

不可否认，父母的言行举止、态度，或好或坏，不论是优点还是缺点，都会影响着我们的孩子，孩子是父母的一面小镜子。这就有了一个挑战：当你花一天的时间观察你的行为时，为什么不花几天时间看看自己心里在想什么？想想自己对孩子的教育有何不妥之处？自己的内心有没有应该消除的恐惧？有没有习以为常的不良习气或不健康的态度？对许多父母来说，这种自我反省和随之而来的改变是必需的。为了让自己成为孩子更称职的父母，我们应该学会改变自己的心情，发挥最佳状态。

六、教养方式策略

作为父母，最容易犯的一个错误就是假定我们的孩子"和我们完全一样"。随着时间的迁移和年龄的增长，我们开始注意到每个孩子都有自己的独特性，接踵而来的是家庭教育过程中的冲突不断增加。解决这一问题的关键，在于我们必须弄清楚我们的行为方式与孩子的行为方式是互为补充还是互相抵触，接下来所做的努力就是调整我们的教养方式，按照天性，对我们的孩子进行康复教育。

1 指挥型父母教养方式与坚决型孩子冲突的解决

（1）不要强迫孩子，不要威胁孩子或向孩子发出最后的通谍。

（2）在严格要求的同时，为孩子提供发挥其控制权的时间和空间，以便在两者间达到平衡。

（3）尽可能为孩子提供选择的机会。

（4）不要长篇大论地说教。

（5）与孩子一起讨论那些具有破坏性的领域，一起坐下来设定一些行之有效的规则，然后按照规则展开讨论。这可以使孩子负责任，也可以使他们了解什么是规则。不要同孩子争吵，如果你与之争吵，则表明他赢了，因为你的情绪和反应受到他的控制。

2 指挥型父母教养方式与软心肠型孩子冲突的解决

（1）不要期望孩子自己找出完成任务的方法。要一步一步地给孩子指出要他做的事情。他试图取悦于你，所以他想知道你对他的期望。

（2）慎重考虑对孩子说话的方式。这类孩子非常敏感，很容易因你不经意的消极评价或无意流露的愤怒而受伤害。

（3）不要强迫他参加激烈的竞争。

（4）绝不要把他与其他人进行比较。

（5）软心肠型孩子需要与父母保持亲密。为了使你的孩子产生归属感和被接纳感，必须尽量多地与他共度时间，向他表示你的爱。

3 指挥型父母教养方式与谨慎型孩子冲突的解决

（1）不要对孩子失去耐心。不要强迫他。

（2）让他们有足够思考和做决定的时间。

（3）允许他花时间收集事实，并"正确"行事——像他们自己说的"正确"那样。

（4）慎用批评。批评对你可能是一种动力，对他则可能是一种压力，甚至给他的自尊心造成伤害。冷酷的批评和攻击性的行动可能给他以巨大的打击。

（5）随时准备回答他所提的"为什么"的问题，耐心地给他做深入的解释。

（6）肯定并接纳他的谨慎天性，不要期望他像你那样喜欢冒险。

（7）耐心听孩子做事的理由。通常孩子是经过一番深思之后才决定他要做什么的。

4 交往型父母教养方式与坚决型孩子冲突的解决

（1）为孩子制定明确的规则，对孩子严格要求。一旦孩子违反规则，做出越轨的事情，你要严格依据事先制定的规则和纪律做出反应。

（2）记住这类孩子很容易利用你所做的任何让步，一有机会他就可能让你受制于他。

（3）不要害怕对抗，要做好准备面对孩子的反抗。

（4）在纠正孩子的错误时，言语要简洁明了。坚决型孩子不想听也不愿意听长篇大论，给他简短的指示，并期待他执行。

（5）要做好准备：这类孩子经常把你逼到不舒服的境地，令你不快。

5　交往型父母教养方式与软心肠型孩子冲突的解决

（1）放慢你的节奏，允许孩子以他比较慢的节奏做出反应。

（2）允许他多花一些时间来做决定。

（3）慎用你的热情。不要在他人面前过多地表现你对他所取得的成就的关注，否则会使他很难堪。要用私下的方式，而不是公开的方式给他支持和鼓励。

（4）对他的表扬和鼓励要诚恳。

（5）了解他的羞怯，理解他需要多一些时间才能适应人与环境。

（6）尽可能在发生变化前提醒孩子。

（7）多提些问题并仔细倾听他是如何作答的。

（8）请他帮助你完成任务，软心肠型孩子喜欢拥有被人需要的感觉。

6　交往型父母教养方式与谨慎型孩子冲突的解决

（1）倾听以便更好地理解孩子。对孩子话语中的细微差别保持警惕。他说话不多，但每个词都包含一定的意义。

（2）降低你的情绪反应和你的热情。努力做到客观、尊重事实，在发生冲突时尤其如此。

（3）孩子对完美的追求和你对快乐的追求一样强烈。他很容易失误。

（4）当他达不到期望的标准时，给他独自体验失望的时间。

（5）不要催逼他，给他时间和空间来完成高质量的工作。

（6）对他的工作要诚心诚意的赞美。告诉他，他在哪些方面做得好，不要只笼统地说"做得好！""棒极了！"

（7）记住：他最害怕别人批评他的工作。所以，在提意见时一定要委婉。

（8）接受他小心谨慎的天性，不要期望他成为一个冒险家。

7　支持型父母教养方式与坚决型孩子冲突的解决

（1）孩子需要在某些方面行使控制权，要尽量避免任他控制。当他在某些活动中表示不需要你时，你不要太在意，因为他喜欢自己一个人做事情。

（2）要强硬，强迫你自己做得"冷酷"些。指导他时要义正辞严，树立你的权威地位。

（3）决策时要果断而坚决。他会经常做些事情来考验你的态度，千万不要动摇。

（4）请理解，对你来说，多给孩子一些指导是困难的，但对孩子是十分必要的。

8　支持型父母教养方式与软心肠型孩子冲突的解决

（1）在为孩子做事的同时鼓励孩子为自己做事。

（2）努力做到果断。

（3）有些冲突和变化是有益的，生活总在不断变化，不要过度保护孩子，以免脱离生活实际。

（4）了解孩子的感受，并如实地展示你的感受。不要认为把消极情感隐藏起来，消极情感就会自动消失。

9　支持型父母教养方式与谨慎型孩子冲突的解决

（1）认识到孩子要保留自己的隐私。一旦发生冲突，要给孩子提供独立思考的机会，过后再与他讨论。

（2）面对压力时，他需要一段时间独立考虑对策，不要因此而认为他在反抗。

（3）不要强迫孩子与人建立亲密的关系。谨慎选择与孩子共处的时间，当你感到孩子在退缩或沉默时，对他讲出你的感受，并倾听他的解释。

（4）准备耐心地向孩子做深入的解释。

（5）允许他在未达到自己的高标准时暂时表现出失望。

（6）给他诚恳而具体的表扬，对他的工作表示赞赏。

（7）不要对他的苛刻倾向做出过度的反应，要温和地指导他接受自己和别人的缺点。

10　纠错型父母教养方式与坚决型孩子冲突的解决

（1）让孩子自己承担一些责任，不要为了把事情做得更好就包办代替。他需要对一些事情负责。

（2）不要吝惜对孩子的肯定和鼓励。

（3）冒险对坚决型的孩子来说是很重要的经验，但要根据安全和理智的需要提出必要的限制。

（4）与坚决型的孩子生活在一起就意味着会有接连不断的变化和挑战，对此你要有心理准备。

（5）孩子需要体育运动。

（6）不要与他争执，你的道理不一定有说服力。

（7）最重要的是不要期待完美。谨防孩子因达不到你提出的太高标准而认为自己无能。如果他经常遭到批评，他也是会放弃的。

11　纠错型父母教养方式与软心肠型孩子冲突的解决

（1）你要探索孩子的感受和经历。

（2）以更加开放的态度对待孩子，与他分享你的感受，鼓励他开口说话。

（3）容许孩子有时候"无所事事"，他们需要休息和放松的时间。

（4）要向孩子具体说明你希望他做什么，不要期望孩子自己去弄清楚做事的步骤。

（5）即使孩子的工作成效与你的相去甚远，你也要对孩子的每一点努力表示肯定和赞赏。

（6）慎用批评，你的批评可能在不经意之间伤害孩子。

（7）最重要的是，不要把标准定得太高，以免孩子因达不到而低估自己的能力，进而放弃努力。

12　纠错型父母教养方式与谨慎型孩子冲突的解决

（1）当孩子建议另一种做事的方式时，你要持开放的态度，要随时准备以双方都能接受的方式灵活调整自己的标准。

（2）纠正孩子过错时要小心。你应该明白，你最害怕别人批评你的工作，你的孩子也是如此。

（3）当孩子批评你时，不要做出过度的反应。

（4）多向孩子表示爱和关怀。孩子和你一样需要爱和尊重，而他的天性不太善于表达感情。

（5）最重要的是，不要把标准定得太高，以免孩子因达不到而低估自己的能力。

七、专项教育技能策略

聋儿由于其特殊性的存在，为社区家庭教育的内涵增添了复杂因素。听力语言的障碍，是其突出的表现和最为显著的外显特征，它决定了聋儿康复特有的家庭教育重心，形成了以听力语言康复为主线同时兼顾相关领域发展的全方位教育格局。作为执行和实施早期教育干预策略的聋儿父母，就要比健听儿童的父母多一项特殊的教育技能和方法上的准备，以完成使聋儿的听力语言能力不断提升和发展的康复目的。

1　优化聆听环境的技巧

（1）每日坚持检查孩子的助听器及电池。

（2）尽量减少家庭中背景噪音对聋儿聆听的影响。

（3）坚持 1－2 米的有效助听范围和孩子交谈。

2　学会广泛涉猎话题的聊天技巧

（1）在日常生活中，坚持不断地说。

（2）在专门的游戏时间里坚持不断地说。

（3）和孩子交谈家庭生活中所见到的一切。

（4）和孩子谈碰巧发生的事。

3　学做一个积极的聆听者

（1）对孩子的手势，能用语言给以相应的回应。

（2）全神贯注地聆听孩子的讲话。

（3）对孩子所讲述的话题表示出你的兴趣。

（4）容忍孩子的发音水平。

（5）重复孩子所讲的话，使其内容更接近他所要表达的主题。

（6）适时打断孩子的谈话，插入你的评论，再继续开始他的谈话，为孩子创造一个既有来言又有去语的交流锻炼机会。

4　掌握口齿清楚表达准确的说话技巧

（1）说话时语速稍缓。

（2）发音清晰有力。

（3）可以夸张你的语调，并非口型。

（4）变化你的音量及语调。

（5）使用变化的声调表达你激动的情感。

（6）使用你的表情传递你要让他知道的信息。

5　学会使用眼神交往技巧

（1）当孩子在与你交谈时，不管他看不看你，你都要注视着他。

（2）注意调整你的体位水平，创造孩子和你进行眼神交流的机会。

（3）用点头和微笑的方法延长与孩子眼神交流的时间。

（4）不断变化位置，使自己不断出现在孩子的视野范围之内。
　　（5）学会在孩子和你们正在谈论的物品之间，不断前后地变化眼神。
　　（6）会使用诸如"哦，看！"类似的语言引起孩子的注意。
6　使用孩子能够明白的语言和孩子交谈
　　（1）倾听孩子的谈话，时刻把握他的理解状况。
　　（2）如果你的孩子表现出来不能理解对话中的某些内容，则需重复相关内容。
　　（3）如果孩子还是不能理解，就要借助图片、实物等中介，帮助孩子学习有关概念。
　　（4）学会时刻根据孩子的注意程度来判断你们谈话的效果。
　　（5）会使用简单陈述句式为孩子讲解交谈中新出现的词汇。
7　使用更多的命题式语句发展孩子的语言能力
　　（1）每天要计划出一个专门的时间帮助孩子练习命题式语言。
　　（2）学会仔细观察孩子对陈述句、疑问句、祈使句的反应方式。
　　（3）如果孩子不能理解上述三种句式语意，可借助手势帮助孩子理解、区别。
8　拓展孩子语言
　　（1）在游戏活动中通过丰富游戏环节和内容拓展孩子的语言。
　　（2）通过增加孩子生活体验的方法拓展语言。
　　（3）通过专门的语言游戏拓展孩子的语言。
　　总而言之，世界上任何职业都要培训、考核、竞争上岗，只有"父母"这个职业没有这些程序。只要生育了小孩，就是天经地义的父母，就要理所当然地行使教育的职能。教育是一门科学，聋儿康复也是一门科学，不可能无师自通，也不是靠道听途说就能做好的。上述这些原则和技巧，是每一位聋儿家长必须掌握的基本策略，是要通过培训和自主地学习才能谙习的。应该知道，错误的教育对我们的聋孩子来讲是一种多么深刻的伤害，其严重性甚至超过听力障碍本身所带来的伤害。

全国各省、自治区、直辖市聋儿康复中心通讯地址

序号	邮编	机构名称	通讯地址	联系电话
1	100070	北京市聋儿康复中心	丰台区丰台南路91号1号楼	010-84482093
2	300381	天津市聋儿康复中心	南开区卫津南路66号	022-23949090
3	050081	河北省残疾人康复指导中心	石家庄市中山西路815号	0311-85516213
4	030012	山西省聋儿康复中心	太原市南内环寇庄西路42号	0351-7234145
5	010051	内蒙古自治区聋儿康复中心	呼和浩特市新城区康复街88号	0471-5272652
6	110015	辽宁省聋儿康复中心	沈阳市沈河区先农坛路十七巷20号	024-24110608
7	130052	吉林省聋儿康复中心	长春市绿园区青欣路8号	0431-87926190
8	150036	黑龙江省聋儿康复指导中心	哈尔滨市香坊区远香街26号	0451-87971080
9	200127	上海市聋儿康复中心	浦东新区龙阳路189号2号楼	021-58813771
10	210004	江苏省聋儿康复中心	南京市丰富路53号	025-86993730
11	310016	浙江省聋儿康复中心	杭州市清泰小区商教二区	0571-86436290
12	230041	安徽省聋儿康复中心	合肥市蒙城北路15栋	0551-3683320
13	350002	福建省聋儿听力语言康复中心	福州市仓山区建新镇园亭路5号	0951-38703779
14	330008	江西省聋儿康复中心	南昌市胜利路李家巷3号	0791-86705664
15	250012	山东省残疾人综合服务中心	济南市铜元局前街48号	0531-86158866
16	250013	山东省聋儿语言听力康复中心（民政）	济南市解放路23号	0531-82382349
17	450002	河南省康复教育研究中心	郑州市东风路7号	0371-63287932
18	430050	湖北省聋儿中心（民政）	武汉市汉阳区月湖堤433号	027-84840296

序号	邮编	机构名称	通讯地址	联系电话
19	430050	湖北省残联社区康复中心	武汉市武昌区傅家坡一路25号	027-87300746
20	410001	湖南省残疾人康复中心	长沙市马王堆新桥古汉城住宅开发区	0731-84734327
21	510055	广东省聋儿康复中心	广州市东风东路钱路头直街2号	020-83864581
22	530001	广西壮族自治区聋儿研究中心	南宁市秀厢大道33号	0771-3107039
23	570203	海南省聋儿康复中心	海口市美群路8号	0898-65352356
24	400060	重庆市聋儿康复中心	重庆市南岸区南湖路140号	023-62821907
25	610081	四川省聋儿康复中心	成都市星辉东路6号	028-84353395
26	550004	贵州省聋儿康复中心	贵阳市新添大道南段195号	0851-6769155
27	650224	云南省聋儿康复中心	昆明市安康路180号	0871-6354669
28	850000	西藏自治区聋儿康复中心	拉萨市扎基中路1号	0891-6385560
29	710016	陕西省康复教育研究中心	西安市朱宏路53号	029-87294672
30	730000	甘肃省聋儿康复中心	兰州市七里河区瓜洲路271号	0931-8615680
31	810000	青海省聋儿康复中心	西宁市莫家街52号	0971-8252937
32	750002	宁夏回族自治区聋儿中心	银川市西环路开发区	0951-5065142
33	830000	新疆残疾人康复中心	乌鲁木齐市克拉玛依西路135号	0991-4800021

形象木偶自制方法介绍

1. 木棒偶制作方法

(1) 将人物形象画在厚纸上，沿轮廓剪下。

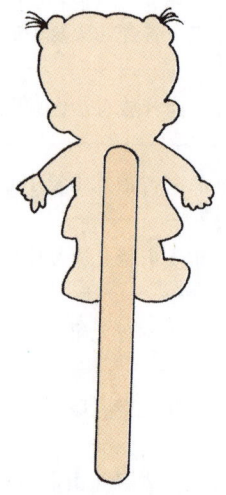

(2) 冰棍棒用胶水固定在人物身后。

(3) 手持木棒即可表演。

2. 手指偶制作方法

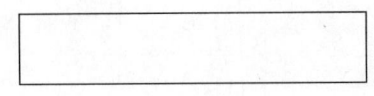

(1)在厚纸上画出人物的头像(头像不宜过大,高与宽大概3厘米左右),然后沿轮廓剪下。

(2)用较有韧性的纸剪一纸条,纸条宽约1厘米,长度根据手指粗细而定。

(3)将纸条围成一个指环,用胶水固定后贴在头像背面下方即可。

(4)将食指插进指环即可表演。

3. 信封偶制作方法

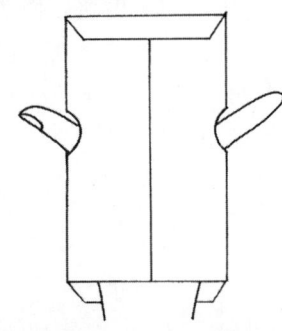

(1)将一个废旧信封开口朝下放置,从顶端向下量大约10厘米处剪两个半圆形开口,使大拇指和小拇指分别能从两个开口处伸出。

(2)在纸上画出人物全身形象(胳膊略),沿轮廓剪下贴在信封上(人物高矮与信封长度等同,肩与半圆形开口对齐)。

4. 布袋偶制作方法

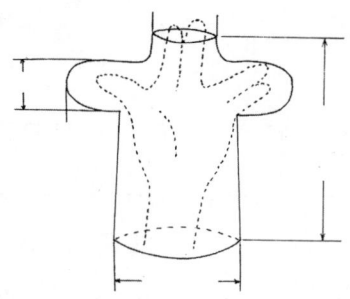
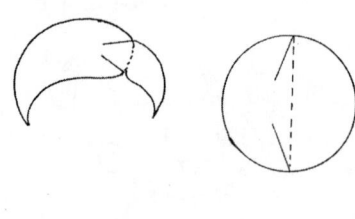

(1)两块相同的单色布剪成两个相同的上衣形状,做布袋衣服的前后片,并把它们缝在一起,上下开口处不要缝合,以便手和手指伸出去。

(2)用黑色布剪出头发的轮廓(分前后片,前后片各分成两片,然后将它们缝合在一起)。

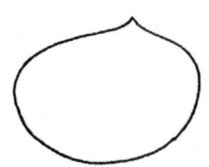

(3)用肉色或白色布剪出脸和耳朵的形状。

(4)将头发、脸和耳朵拼接于相应位置后缝合在一起(以便最后与第一步骤的上开口处连接)。

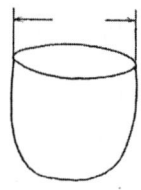
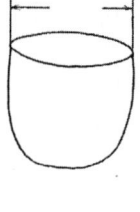

(5)做一个长与宽均为9厘米的布袋,布袋上开口处不缝合。

(6)用海绵或废旧布头做填充物塞进头部将头撑圆,用上一步骤的布袋上开口与头部留出的下开口缝合在一起(以避免填充物外露)后,将布袋塞进头部。

(7)将上一步骤的下开口与第一步骤的上开口缝合在一起,布袋偶就完成了。